MA

REPUBLIQUE

 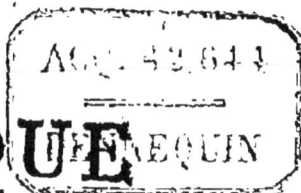

MA
RÉPUBLIQUE

AUTEUR, PLATON.

ÉDITEUR, J. DE SALES.

TOME IV.

OUVRAGE DESTINÊ A ÊTRE
PUBLIÉ.
L'AN. M. DCCC.

DE LA NUIT

DES SACRIFICES

L'entretien philosophique sur
la révolution française fut suspen-
du pendant quelques jours. L'empereur, dans l'intervalle, resta
renfermé dans sa tente, profon-
dément ému de tout ce qu'il venait d'entendre : regardant cette
série de tableaux, qu'on venait de
présenter à ses yeux comme un
songe à la fois imposant et sinistre,
et dans le désordre d'idées qu'il
faisait naître, desirant et craignant de s'éveiller.

Tome IV.   A

Il était difficile, d'après le discours de Platon, de ne pas se pé-
nétrer de deux grands principes :
l'un , que les lumières avaient
préparé tout ce qui s'était fait de
sublime dans l'insurrection : l'autre , que l'insurrection une fois
consolidée , les hommes défai-
saient peu à peu l'ouvrage des lumières.

Et ces principes une fois posés,
il en sortait des résultats bien
faits pour allarmer tous les trônes
de l'Europe.

Rien ne se propage plus aisé-
ment que les secousses données

aux états par les lumières : c'est
le feu interne du globe, qui agite
à la fois Lisbonne, des cités Afri-
caines, et des ports du nouveau-
monde ; or le foyer du volcan
étant précisément sous la monarchie de l'Europe qui avait le
plus de poids dans sa balance,
il fallait que tôt-où-tard, tous les
états, dont les intérêts sont liés
avec les siens, fussent secoués,
et que les trônes absolus se ren-
versassent sur eux mêmes, soit
qu'ils fussent occupés par le suc-
cesseur de Mahomet second,
soit qu'ils le fussent par le succes-
seur de saint Pierre.

A2

Mais le feu pur de la raison qui se contente d'éclairer , quand elle agit seule , brule quelquefois quand il est attisé par des mains inhabiles ; il était donc à craindre que la révolution française , si admirable dans son principe , se dégradant insensiblement par l'effet des factions , n'amenat , avec la guerre civile , le désastre de l'état. qu'elle voulait régénérer , et par contre-coup , le combat-à-mort des peuples , contre les trônes les plus modérés de l'Europe.

Toutes ces terreurs du prince étaient encore agravées par le

germe d'une maladie douloureuse qu'il portait dans son sein,
et qui devait le faire périr d'une
mort prématurée, avant qu'il eut
fixé sur lui la voix indécise de la
renommée, et lavé son nom,
destiné à être grand, de l'opprobre d'avoir tyrannisé les Belges,
et déchiré par une guerre injuste
le sein de l'empire Ottoman.

Une belle ame, ou celle que
la philosophie rend telle, à un
moyen bien simple de charmer
les ennuis, où même les dou-
leurs physiques de la vie, c'est
de semer de quelques biens la fin
de sa carrière. L'empereur, le

jour où il avait été à l'hospice de la forest , de retour dans son camp , avait, sans se faire connaî- tre , sondé l'amiral d'Alger , sur la rançon de son esclave : et le Musulman avait répondu que s'il ne consultaït que l'usage de son pays , il demanderait mille du- cats , mais que sa délicatesse se refusant à faire acheter au poids de l'or la liberté de son ami , il préférerait de le cèder à un prin- ce protecteur des talents, moyen- nant quelque grade honorifique à sa cour , où dans ses armées. Cette manière de penser si noble, dans un Africain que l'Europe traitait de barbare, avait fait quelqu'impression sur le cœur de Joseph , et il se proposa , des que le chevalier de Malthe serait rétabli , de rendre heureux de son bonheur , l'Algérien , le philosophe , et peut-être encore plus , la personne qui l'aurait avoué le moins , la sensible Éponine

Cependant , il s'écoula encore un grand nombre de jours , avant que ses intentions magnanimes pussent se manifester : on dirait , que tel-est le malheur des rois , que le bien qui se présente si souvent à ceux qui le fuyent , se dérobe presque toujonrs , à ceux qui le cherchent. En attendant , la

A 4

maladie du prince se manifestait par des symptômes plus sinistres. Il fut décidé dans son conseil qu'il quitterait Belgrade , pour aller respirer près de Vienne , l'air pur de sa maison de plaisance de Laxembourg.

Peud ejours avant son départ , il reçut de Paris quelqnes détails précieux sur la nuit mémorable du quatre auguste, si connue dans les annales de la révolution Française sous le nom de la nuit des sacrifices ; le philosophe, en ce moment , penché sur le lit du prince, un Tacite à la main , lisait la vie d'Agricola ; et Joseph doucement ému , ne se dissimulait pas la supériorité du rolle d'un grand homme sur celui du maitre du monde qui le persécute : -- philophe , dit l'empereur , après avoir parcouru ses dépèches , laissons là cette grandeur Romaine qui nous écrase : au reste le moment vient où il n'y aura plus en Europe ni Domitien , ni Agricola , parceque tout conspire à y renverser les trônes absolus. Je viens de recevoir des nouvelles de France : je vois que le fanatisme de la liberté y a son foyer , qu'il y exalte toutes les têtes , et que malgré les fautes innombrables des chefs de la révolution , une fatalité invincible fait tendre la plus belle des monarchies, à dégénérer en république.

Le pere d'Éponine, qui ne voulait point affliger un prince doublement déchiré par la douleur, et par le chagrin, gardait le silence : mais le silence du sage est toujours une réponse terrible aux sophismes des rois. Joseph espéra de corrompre ce silence, et présentant sa lettre au philosophe, il le pria d'en faire lui-même la lecture.

« ....La liberté, Sire, est peut-
« être cet opium des Orientaux,

« qui pris modérément , procure
« des songes heureux , et à forte
« dose donne la mort.

« L'opium de la liberté vient
« de donner, dans Paris, une scène
« mémorable d'yvresse : si les
« médecins politiques de la Fran-
« ce abandonnent la nature à elle
« même , l'état sera heureux ;
« s'ils tentent d'ajouter au dé-
« lire général , ils tueront la
« monarchie.

« Depuis long-tems la France ,
« sans force publique , était en
« proye aux horreurs de l'anar-
« chie ; le peuple n'obéissait qu'a

A 6

« lui même ; les factieux qui le
« faisaient mouvoir dressaient au
« gré de leur fureur des tables
« de proscription ; il semblait que
« le réseau de la discorde enve-
« loppait toutes les parties du gou-
« vernement.

« En vain l'assemblée nationale,
« pour faire taire à la fois tous
« les interêts individuels, s'occu-
« pait-elle de la fameuse déclara-
« tion des droits de l'homme,
« qui devait servir de préambule
« a sa législation ; comme cette
« grande idée, au lieu de mûrir
« lentement dans la tête froide
« de quelques philosophes, n'é-

« tait sortie de son germe méta-
« physique, que pour être aban-
« donnée à l'éloquence sophisti-
« que des orateurs, de bons esprits
« craignaient que les lueurs trom-
« peuses qu'elle devait répandre
« sur l'ensemble de la constitution,
« ne servissent qu'a éclairer le
« désastre de la monarchie.

« Dans ce moment de crise, où
« l'effroi soit inspiré, soit conçu,
« semblait l'unique centre de ral-
« liement pour toutes les parties
« de la France divisée, les citoyens
« vaincus, je ne dis pas avi-
« lis, imaginerent de plier
« avec honneur, en faisant à la

« patrie les plus grands sacrifices.

« Le signal du dévouement fut
« donné par Louis XVI : ce mo-
« narque avait a se plaindre de
« l'assemblée nationale, et il tira
« ses ministres de son sein ; son
« choix, dicté par la générosité la
« plus pure, tomba non sur les par-
« tisans de l'ancien régime, mais
» sur des citoyens courageux, qui
« avaient opiné pour tirer la pa-
« trie de la tutèle de la couroune.

« Ce fut la nuit du quatre au-
« guste, que par un prodige incal-
« culable à la politique vulgaire,
« l'assemblée nationale s'électrisa

« toute à la fois, que les rivalités
« des ordres cesserent, et que tout
« ce qui portait le nom Français
« concourut à l'élever à la hau-
« teur du nom Romain.

« Un vicomte de Noailles ,
« d'une famille de favoris, proposa
« les premiers sacrifices ; il de-
« manda que les impositions fus-
« sent payées également par
« tous les individus , qu'on dé-
« truisit l'usage antique et odieux
« des corvées , qu'on remboursat
« les droits seigneuriaux , et que
« les premiers coups de hache
« fussent portés , à l'arbre gigan-
« tesque de la féodalité.

« Le duc d'Aiguillon, fils d'un
« visir qui n'avait respiré que
« dans l'élément du despotisme,
« déclara que tout privilège,
« quant aux charges publiques,
« des villes, des corps, et des in-
« dividus protégés devaient-éere
« anéantis.

« Le comte de Foucault, un des
« derniers soutiens de la monar-
« chie expirante, voulut qu'on
« réformat toutes les pensions,
« envahies par ces hommes inu-
« tiles à la patrie qu'on appelle des
« courtisans : et que ces faveurs,
« de l'état fussent otées aux noms
« pour être données aux services.

« Le feu du patriotisme, com-
« me celui de l'électricité, faisait
« étinceler toutes les têtes, fer-
« menter tous les cœurs : c'était
« a qui imaginerait de nouveaux
« dévouements : les actes de gé-
« nérosité se succédaient avec la
« rapidité de la pensée : un baron
« renonçait a son antique baronie;
« des hommes nouveaux, ce qui
« était plus singulier, à la nobles-
« se qu'ils avaient achetée ; des
« députés de provinces non con-
« quises se rendaient garants
« qu'elles abandonnaient leurs
« privilèges.

« La noblesse se montra, dans

« cette nuit mémorable, digne de
« l'ancienne chevalerie : elle fit
« pour la patrie, ce que les preux
« de la table ronde faisaient
« pour la beauté ; elle se dévoua.
« Ses membres les plus distingués
« voulurent n'être que citoyens ;
« ils demanderent eux mêmes
« l'abolition du droit exclusif des
« chasses ; le partage du service
« militaire avec l'homme de cou-
« rage qui n'avait point d'ayeux,
« la destruction de toutes les jus-
« tices seigneuriales.

« Le clergé non moins géné-
« reux voulut qu'on suprimât le
« droit odieux des annates, qu'on

« regardat comme illégale la plu-
« ralité des bénéfices, et ce qui
« prouvait que la philosophie des
« Socrate, et des Marc-Aurèle
« l'avait atteint, il sollicita la plé-
« nitude de la liberté religieuse
« pour tout ce qui ne croyait pas
« au culte des papes.

« Les parlements eux mêmes,
« toujours si loin de leur siècle,
« parurent céder un moment au
« torrent du patriotisme qui
« les entraînait. Ils consentirent
« qu'on supprimat la vénalité et
« l'hérédité des charges de ma-
« gistrature.

« Le tiers, serf de fait quoique
« libre de droit, ne croyait pas
« avoir le plus léger don à placer
« sur l'autel de la patrie ; il se
« contenta de l'hommage des
« vœux que lui inspirait sa recon-
« naissance : oh combien il eut
« été grand à mes yeux, s'il avait
« déposé sur ce monument l'épée
« terrible avec laquelle il avait
« remporté ses victoires!

« Telle fut l'issue de cette nuit
« des sacrifices. Cinq heures d'en-
« thousiasme suffirent pour ren-
« verser l'ouvrage de quatorze
« siècles de despotisme, de fana-
« tisme , et de déraison.

« Louis XVI qui avait ouvert
« cette belle carrière de dévoue-
« ments en reçut le prix a la fin de
« la séance : on lui décerna so-
« lemnellement le titre de res-
« taurateur de la liberté Fran-
« çaise.

Après quelques minutes d'un
silence, qui semblait tenir de l'ex-
tase, il est donc accompli, dit le
philosophe, ce beau pressentiment que je conçus à l'origine de
l'insurrection Parisienne ! je
soupçonnai que le Français était
trop éclairé, pour ne pas sentir le
besoin généreux d'être libre : et
un trait de lumière, aussi indéfi-

nissable que le génie de Socrate, m'annonça qu'il allait le devenir malgré le despotisme de son gouvernement, et celui de ses factions ; malgré tout ce qu'avait fait une cour perverse, pour retarder l'avénement de la raison, et tout ce que ferait l'assemblée nationale, pour rendre cet avénement inutile.

Vous l'avez, sire, pensé comme moi. Il y à pour les empires, comme pour les individus, une destinée, dont il semble impossible de vaincre l'influence. Sylla toujours opprima Rome, et toujours fut heureux. La France

verra souvent ses législateurs con-
trarier les lumières qui l'ont ren-
due libre , et la France devra aux
lumières sa législation.

Un peuple éclairé est bien fort,
quand il marche avec son siècle ,
pour être libre ; tandis que ses ennemis, sont obligés de rétrograder
dans la nuit des âges de barbarie ,
pour le maintenir dans l'esclavage.

Et voila encore une des causes
qui rendent la révolution Française si supérieure à toutes celles
qui nous ont été transmises par
l'histoire.

On ne voit, ni dans l'antiquité,

ni dans le moyen âge, aucune nation qui ait sçu se secouer elle-même, pour sortir dela fange de ses préjugés, épurer son culte, et se donner des loix avouées par la raison.

Dion, Brutus, Épaminondas, ne furent que d'illustres factieux, qui conjurèrent dans l'ombre, pour détrôner quelques despotes d'ordinaire sans génie, et presque toujours sans courage. C'est le succès seul qui décida s'ils étaient dignes de l'apothéose où de l'échaffaut.

Lorsque ces héros communiquaient leur ame à la patrie, elle restait debout : lorsque la race de ses grands-hommes commençait à s'éteindre, elle était renversée.

Mais il s'en faut bien que le grand ouvrage de la régénération Française, semble composé des mêmes élémens : il n'y a eû ici ni Brutus, ni Épaminondas. C'est la nation toute entière, qui mise en impulsion par les lumières, s'est portée en masse pour abattre le colosse du despotisme, et exterminer l'hydre des préjugés. Les grands hommes n'ont point fait la patrie, c'est la patrie qui a fait ses grands hommes ; et si jamais la

Tome IV.   B

France cesse de produire des ames vigoureuses, et de beaux génies en législation, elle n'en restera pas moins libre, puissante, et le modèle des monarchies.

Philosophe, dit l'empereur, ta tête s'exalte : tu tiens toujours un peu à cet optimisme du disciple de Socrate, qui pour les hommes d'état ne fut jamais qu'une vertueuse chimère : crois en l'expérience d'un prince, qui depuis plusieurs années s'exerce à remuer le lévier politique de l'Europe. Quand même la raison aurait organisé une monarchie, ce sont des hommes qui la font mouvoir, et ces

moteurs petits et faibles , usent
sans cesse par des frottements
inutiles une machine , qui si elle
eut marché toute seule , était faite
pour l'éternité.

Je connais les ressorts secrets
de la conjuration Française contre les trônes de l'Europe ; on a
moins cherché à propager les lumières, qu'a régner par elles ; des
factieux qui ne pouvaient avoir
d'existence que par les troubles
qu'ils faisaient naître , ont em-
prunté pour les justifier le nom
de la raison ; mais celle-ci jamais
ne signa son manifeste.

B 2

L'avenir jugera entre ta philosophie et mon expérience ; mais
je crois que l'insurrection Française sera sans fruit , comme elle
est sans base : on se dira libre ,
pour tout oser ; on acceptera les
sacrifices des deux premiers ordres de l'état, pour leur ravir leurs
propriétés : on nommera Louis
XVI chef de la révolution , pour
faire tomber sa couronne de dessus sa tête ; et quand tous les délits politiques seront épuisés , la
nation qui ne verra plus autour
d'elle que des décombres , revien-
dra à son premier gouvernement :
a moins que les rois de l'Europe
ligués contre-elle , ne renouvel-

lent, pour la punir, la tragédie
sanglante du démembrement de
la Pologne.

Sire, dit le sage, j'en appelle
comme vous à cet avenir, juge en
dernier ressort des jugements des
hommes : lui seul peut légitimer
vos craintes, où mes espérances ;
il me serait peut-être aisé de vous
faire observer combien, dans le
calcul philosophique de probabi-
lités que nous adoptons, il y a de
chances pour moi ; mais j'aime
mieux soumettre un simple rai-
sonnement à vos lumières.

Nous croyons tous deux, que

B 3

le bien en France s'est opéré, et s'opèrera encore, au milieu des factions destinées à le faire maudire : seulement nous différons, en ce que vous ne voyez par-tout que des hommes qui se couvrent du masque de la raison, tandisque moi je découvre à chaque instant, la raison qni marche à son but en réparant les fautes des hommes.

Mais parmi les peuples que le luxe a dégradés, en est-il un seul où les hommes d'etat fassent à chaque pas des fautes majeures, sans altérer les rouages du gouvernement ? or nous avons vû en France la cour , la capitale , l'assemblée des représentants adopter à l'envi les erreurs les plus graves ; et cependant la monarchie subsiste encore ; on dirait que la foudre n'a tombé sur elle , que pour achever de briser ses fers.

Si donc dans une crise , où tout état vulgaire succomberait , la France se conserve, croyez , sire , que sa régénération est indépendante des hommes qui s'en disent les mobiles : croyez qu'a l'exemple du voile de Pénélope , le tissu des loix, que les factieux défont à l'ombre de la nuit , sera réparé avec avantage le lendemain, à l'avènement de la lumière.

Ta haute sagesse, dit le prince, m'a déja appris plus d'une fois à me défier de la mienne : ainsi je suspendrai mon jugement sur nos songes si contradictoires, jusqu'à ce que le tems, cet arbitre suprême de la politique humaine, nous réveille. Achève maintenant ta république; voyons, dans l'hypothèse de la régénération de la France par les lumiéres, ce qui résultera pour le bonheur de la monarchie, de ce délire héroïque de dévouements qu'a fait naître la nuit des sacrifices.

Sire, répond le philosophe, je vais remplir votre attente ; mais daignés ne pas perdre de vue que ma théorie est à l'abri des évène- mens : j'exposerai non ce qui sera, mais ce qui devrait être, si des hommes d'état tels qu'un L'hopi- tal , un Sulli, donnaient leur ame à l'assemblée nationale.

Voila donc la régénération Française qui marche á grand pas vers son terme ! une seule nuit a réuni d'intérêt vingt-cinq mil- lions d'hommes ; elle à donné le même esprit social à une foule d'individus qui n'étaient vivifiés que par l'esprit de corps. Le patriotisme a été une espèce de religion, qui comme on l'a dit du Catholicisme, du moment qu'elle a été connue, n'a eu d'autres limites que celles de l'univers.

Jamais le corps législatif ne trouvera une occasion plus favorable de réparer avec dignité une longue suite de malheurs, produits par les haines envenimées des factions, et par l'inexpérience de la vertu.

Un sentiment moral plus puissant que tous les sophismes des Machiavel, l'engage à être généreux envers de nobles ennemis

qui, comme le clergé et la noblesse, capitulent les armes à la main,
et se présentent au joug des loix,
avant d'avoir subi la honte d'une
défaite.

La politique plus impérieuse
encore que la morale semble lui
commander la générosité : car
l'unique moyen de consolider
une révolution qui s'est opérée,
en accumulant devant elle des
monceaux de ruines ; c'est de les
voiler avec art aux yeux des victimes : c'est de mettre la reconnaissance de la patrie en regard
avec leurs sacrifices,

D'après ces principes, je vais

tracer les premiers linéamens de l'âge d'or du nouvel empire Français.

Louis XVI, issu de soixante rois qui s'étaient transmis la souveraineté, comme un héritage, ayant donné à ses peuples l'exemple des grands sacrifices, je vois l'assemblée nationale, consoler l'orgueil du trône par une ombre de dédomagement.

Le lendemain de la nuit mémorable du quatre auguste, l'assemblée en corps, présente au monarque une addresse dont voi ci l'esprit : car ce n'est point à un étranger

étranger comme moi doublemént appésanti par l'age et par l'infortune, à pressentir le style véhément et rapide de ses orateurs.

« Vous venez de donner, sire,
« un grand exemple au monde
« social. Abjurant la force qui
« fait les rois illégitimes, vous
« avez réintègré le peuple fran-
« çais dans le pouvoir suprème
« qu'il reçut de la nature. Il ne
« tenait qu'a votre épée de vous
« conserver despote : vous avez
« préféré de tenir de votre vertu
« le titre de notre premier repré-
« sentant.

Tome IV.   C

« Vous avez , par un pareil dé-
« vouement , tout fait pour la
« gloire : croyés que la dignité
« de souverains , n'enpèchera
« pas vingt-cinq millions d'hom-
« mes de tout faire pour la recon-
« naissance.

« Lorsque le pere d'une gran-
« de nation , remet sa destinée
« entre les mains de ses enfans ,
« l'abandon généreux qu'il fait
« du droit á la toute puissance, le
« rend de fait plus absolu que
« jamais.

« Ne croyez pas, sire, qu'en re-
« cevant un moment en dépot,

« votre couronne, nous ayons
« le projet aussi insensé que cou-
« pable de la déposer, comme un
« vain simulacre, dans le sanc-
« tuaire où nous dictons nos loix ;
« si nous osions enfreindre ainsi
« la foy publique, nous appelle-
« rions l'anarchie au sein de l'é-
« tat que nous voulons régénérer.
« Alors la force générale, a l'om-
« bre de laquelle nous respi-
« rons tous, serait anéantie : alors
« l'homme de sang serait roi, et
« toutes les têtes du corps politi-
« que seraient où des esclaves
« où des victimes.

« Eh ! comment ravalerions

« nous par la plus abjecte des in-
« gratitudes la fonction auguste
« de législateurs ? ne sentons
« nous pas plus que jamais que
« nous devons notre existence à
« vos bienfaits ? et si nous pou-
« vions l'oublier un moment, la
« France entière ne s'éleverait
« t-elle pas contre nous, devenus,
« par la plus basse des perfidies ,
« les oppresseurs d'un roi homme
« de bien

« Nous avons été appellés pour
» régénérer une monarchie : les
« peuples sont la base de ce mo-
« nument , les législateurs sont
« les colonnes sur lesquelles re-

« pose la voute . mais vous en
« êtes la clef : ainsi sans vous il
« n'y aurait point d'édifice.

« Vous serez notre roi , sire ;
« parceque dans un grand empi-
« re , il n'y a point de constitu-
« tion sans monarque ; parceque
« quand même la naissance ne
« vous aurait point appellé au
« trône , notre choix libre vous
« l'aurait déféré ; mais votre
« royauté , pure comme le ciel
« qui la protège, ne pesera ni sur
« votre tête , ni sur celle de vos
« peuples : en ne vous rendant
« garant d'aucun délit , elle otera
« l'épine de toutes vos jouissan-

C 3

« ces ; elle vous laissera enchaîné
« pour faire le mal , et vous don-
« nera pour opérer le bien toute
« l'énergie de la toute-puissance.

« Le monarque , que ses desirs
« raprochent le plus des besoins
« de la nature , est obligé de re-
« présenter ; la décence du trône
« lui commande un faste que son
« cœur repousse ; ainsi nous ne
« rappetisserons point , par une
« vaine parcimonie, la haute idée
« que le vulgaire s'est faite de la
« couronne de François I et de
« Louis XIV. Le trésor de l'état,
« fermé pour une cour perverse,
« s'ouvrira à votre gré pour le

« soutien de votre maison ; tant
« que nous conserverons les
« mœurs de Babylone et de Per-
« sépolis, nous ne vous prescri-
« rons pas la simplicité austère
« des rois de Lacédémone.

« Puisque notre liberté est un
« bienfait de votre regne, la votre,
« sire , sera le premier résultat
« de nos loix; nous ne profane-
« rons point la majesté de nos dé-
« crets, en vous en prescrivant la
« sanction sans examen ; parce-
« que si ces décrets émanent
« d'une raison profonde , ils sont
« écrits dans votre cœur, avant
« que nous les ayons prononcés ;

« parceque tout justes qu'ils se-
« raient , si vous les adoptiez ;
« étant dans les fers, ils n'oblige-
« raient ni les peuples, ni le trô-
« ne , ni même les législateurs.

« C'est surtout, par une con-
« fiance sans réserve dans votre
« inaltérable probité , que nous
« tenterons d'expier le délit, si
« humiliant pour le nom Français,
« de vous avoir laissé traîner en
« triomphe , par des hommes qui
« se disaient vos vainqueurs, dans
« les murs de votre capitale.

« La force publique résidera
« toute entière en vous ; quand

« elle servira à protéger l'ami des
« nouvelles loix , contre un minis-
« tère prévaricateur, elle sera cen-
« sée émaner du trône: quand elle
« protègera le trône contre les
« ennemis de l'authorité légiti-
« me , elle retournera vers sa
« source.

« L'armée , cet assemblage
« aveugle de bras , qu'une seule
« tête peut faire mouvoir , ne
« prendra d'ordres que de vous ;
« et à cet égard , nous nous repo-
« sons encore plus sur votre ci-
« visme , que sur le nouveau ser-
« meut que les gens de guerre
« préteront à la patrie. Cher à

C 5

« tous les partis, nous ne crai-
« gnons pas qu'a l'exemple
« d'Henry IV, vous ayez un jour
« à conquérir le royaume de vos
« ancêtres.

« En un mot, sire, telle sera no-
« tre constitution, que nous ne
« pourons être libres, sans votre
« bonheur, et que vous ne pou-
« rez être heureux sans notre
« liberté.

« Cette constitution dont nous
« avons déja posé toutes les bases,
« deviendra, quand elle sera ache-
« vée, le sceau qui nous fera re-
« connaître les princes dignes de

« règner sur nous : la stupidité
« de Claude pourra y regretter
« les viles jouissances de la mol-
« lesse, la férocité de Néron les
« vengeances odieuses du des-
« potisme ; mais on se croira par
« elle plus que roi , quand on
« sera Louis XVI , où Marc-
« Aurèle.

J'aime à me représenter , à la
lecture de cette addresse, le roi de
France , aussi ému que l'est une
belle ame , à l'aspect d'un trait-
sublime de générosité , répon-
dant aux députés par le silence de
l'attendrissement ; confondant
ses larmes avec celles des chefs de

C 6

l'assemblée, et jurant par la patrie, ce mot si peu connu à la cour des successeurs de Lonis XIV, de maintenir la constitution nouvelle dont on vient de le déclarer le chef, dut-il la cimenter de son sang, et renouveller pour ses peuples, les dévouements glorieux des Codrus, et des Brunswic.

Observez, siré, qu'un pareil serment liait à jamais le prince au nouvel ordre de choses, parcequ'il n'était que l'élan d'un cœur généreux : on est toujours fidèle aux engagements volontaires du cœur, tandisque l'amour même

de la liberté repousse des serments extorqués, au nom de la patrie, par la terreur des bayonettes.

La tête du corps politique ainsi
enchaînée à la révolution, je vois
l'assemblée nationale , parcou-
rant tour-à-tour les degrés de la
hiérarchie, se montrer généreuse
envers toutes les classes de citoyens , dont elle à intèrêt de
constater la générosité.

Le clergé en France est le premier corps de l'état ; ce qui me
parait assés étrange, puisque, par-
tout où il y à des principes, le gouvernement n'est pas dans la reli-

gion, mais la religion dans le gouvernement : quoiqu'il en soit, il
jouit depuis douze siècles du droit
d'être l'intermède du trône, et
de la noblesse : et puisqu'il a coo-
péré au triomphe de la nuit des
sacrifices, c'est par lui que dans
ma théorie, les représentants de
la nation vont commencer leur
carrière politique de reconnaissance.

Je me figure qu'on réunit dans
un comité, les têtes citoyennes
des Périgord, des Sieyes, et de
tous ces nobles hermaphrodites,
qui tiennent à la patrie, par leurs
lumières, et à l'église par des bé-

néfices qu'ils dédaignent. Après une lente discussion, il en résulte un mémoire conciliateur dont je vais indiquer les bases.

« Membres du clergé , on a
» long-tems calomnié votre raison
« et votre civisme , vous les faites
« triompher aujourd'hui d'une
« manière qui nous honore éga-
« lement les uns et autres : vous
« prouvez à l'Europe que la
« patrie a aussi des autels , et
« qu'on peut à la fois être minis-
« tre d'un culte, et propagateur
« des lumières.

« Mais cette patrie que vous

« avez le courage d'adopter , et
« dont nous sommes en ce mo-
« ment les organes , attend enco-
« re de vous , de nouveaux sacri-
« fices : elle les attend , non com-
« me une souveraine qui com-
« mande à des sujets , mais comme
« une mere tendre , qui regarde
« les dettes acquittées envers elle
« par ses enfants , comme des
« dons de leur tendresse.

« Elle desire dabord , qu'il s'é-
« tablisse une discussion lente et
« lumineuse entre vos meilleurs
« orateurs , et ceux de l'assem-
« blée nationale , pour décider la
« question majeure, si l'église est

« dans l'état, où si l'état est dans
« l'église.

, « Le problème une fois résolu
« par la raison , juge éternel et
« suprême de tous les gouverne-
« ments , et de toutes les reli-
« gions, la patrie vous propose de
« tracer vous même , avec fran-
« chise et loyauté , la chaîne de
« vos devoirs.

« Cet ouvrage vous conduira
« à rédiger un symbole du ci-
« toyen : symbole destiné à re-
« concilier le ciel, avec la terre ,
« et à faire oublier à un Dieu de
« paix, que ses autels ont été rou-

« gis pendant quatorze cents ans
« du sang de ses adorateurs.

« La nation espère que le point
« fondamental de cette règle de
« croyance sera, que la religion
« étant un contract tacite entre le
« pere de la nature, et ses adora-
« teurs, chaque conscience à
« droit d'en dresser les articles,
« soit au gré de la raison supé-
« rieure des sages, soit au gré de
« la sensibilité qui est la raison de
« la multitude.

« Si chaque citoyen, pris indi-
« viduellement, tient de la natu-
« re un droit imprescriptible à la

« liberté religieuse, vous recon-
« naîtrez avec moins de peine
« que les citoyens rassemblés ont
« le pouvoir légitime d'admettre,
« dans le sein de l'état, tout
« culte, quelqu'il soit, pourvû
« qu'il ne soit pas pertubateur.

« Et cette admission ne doit
« point être déguisée ici sous le
« nom de tolèrance ; la tolèrance
« n'est que la prudence du fana-
« tisme ; quand une religion ne
« dégrade point l'homme, quand
« elle ne le rend ni vil, ni san-
« guinaire, elle est essentielle-
« ment bonne aux yeux de la po-
« litique, et la loi doit la protè-

« ger comme la plus sainte des
« propriétés du citoyen.

« Ces bases une fois posées ,
« vous en verrez résulter un dog-
« me , qui dabord aurait allarmé
« votre zèle : c'est que dans tout
« état bien constitué , il ne sçau-
« rait y avoir de religion natió-
« nale.

« Les représentants de la Fran-
« ce , qui viennent de fonder l'é-
« difice de la Patrie sur la décla-
« ration des droits de l'homme ,
« se garderont sans doute d'hono-
« rer de ce titre le culte de Clovis,
« dont on a tant abusé , où toute

« autre révélation ; ils sentiront
« assés que tout gouvernement,
« qui adopte une religion natio-
« nale, déclare par là la guerre à
« toutes les autres, et qu'ainsi il
« attente à la liberté originelle,
« jusques dans son sanctuaire.

« Il vous en coutera peut-être,
« ministres des autels, de vous
« voir réduits aux simples fonc-
« tions de magistrats de morale,
« vous dont les prédécesseurs,
« bouleversaient les trônes avec
« des dogmes, et abrutissaient
« pieusement la terre, afin de la
« gouverner; mais en perdant
« des droits illégitimes à la cré-

« dulité, vous en acquererez de
« plus purs et de plus durables
« aux regards de la Patrie, et à la
« vénération des hommes.

« Après le grand sacrifice de
« s'éclairer avec sa nation, il en
« reste un autre bien moins péni-
« ble sans doute à la grandeur
« d'ame du clergé : celui de la
« sauver.

« La France, vous le sçavez, est
« restée écrasée depuis le règne
« brillant et odieux de Louis XIV,
« par le faste du trône, par les
« déprédations ministérielles, et
« sur-tout par le voile répandu

« avec adresse autour de l'admi-
« nistration des finances : elle
« succombait sous le poids de sa
« dette, sans le dernier délit du
« despotisme , qui nous à donné
« une insurrection , et une as-
« semblée nationale.

« Mais cette dette s'est accrue,
« par les moyens mêmes qu'on à
« pris pour l'anéantir. Il fallait
« remuer à grands frais le sol de
« la France, pour fermer le gouf-
« fre où tous nos thrésors allaient
« s'engloutir ; il fallait acheter
« au poids de l'or, le fer avec le-
« quel des hommes libres vou-
« laient lutter contre le despotis-

« me ; le dirons nous encore ? il
« fallait enchaîner la multitude à
« la révolution , en allégeanr le
« fardeau des impositions sous
« lequel elle était prête à succom-
« ber ; ainsi des mains pures ,
« n'ont servi qu'a augmenter le
« désordre opéré par des mains
« criminelles ; et il ne reste que
é deux ressources pour maintenir
« debout , l'état qui s'écroule sur
« lui même ; où une froide per-
« fidie envers ses créanciers , qui
« nous couvre à jamais d'oppro-
« bre , où un dévouement entier
« du clergé , qui comble l'abîme
« de là dette nationale.

L'opinion

» L'opinion publique à cet
« égard nous semble d'une gran-
« de sévérité ; les penseurs ont
« écrit, et la multitude répète ;
« qu'on ne peut regarder comme
« des propriétés tous les dons
« faits au saserdoce, dans les siè-
« cles d'ignorance, parce qu'ils
« étaient l'ouvrage d'une crédu-
« lité criminéll e , qui dépouillait
« les enfants légitimes, pour en-
« richir des usurpateurs. Mais
« ces raisonnemens ont trop
« d'affinité avec la théorie du
« droit de l'épée, pour que l'as-
« semblée nationale descende à
« les faire valoir. Quelqu'injustes
« que paraissent des acquisitions,

Tome IV.   D

« si une nuit de douze siècles en
« enveloppe la jouissance, la loi
« réclamée indiscrètement doit
« se taire ; il y aurait une incon-
« séquence aussi barbare à ravir
« au clergé éclairé du dix-hui-
« tième siècle, ce que lui ont
« acquis les fraudes pieuses du
« sixième, qu'à rendre le Pape-
« philosophe Benoit XIV com-
« plice des incestes d'Alexandre
« VI, où à punir le vertueux
« Louis XVI des rapines héroï-
« ques de Clovis où deChilde-
« brand.

« Mais il est une considéra-
« tion majeure, bien plus faite

« pour frapper les bons esprits
« du clergé de France, et c'est la
« seule dont nous ferons usage,
« non pour vous commander le
« sacrifice de vos propriétés,
« mais pour le justifier à vos pro-
« pres yeux, si jamais le patrio-
« tisme que vous venez de faire
« éclater dans cette nuit mémora-
« bles, couronne son ouvrage.

« Les peres des grandes socié-
« tés politiques, ont deux classes
« d'enfants. Les uns sont les
« chefs de famille qui leur tien-
« nent par des liens plus immé-
« diats, soit par eux mêmes, soit
« par les nouveaux citoyens qu'ils

D 2

« promettent à la patrie ; les au-
« tres sont les célibataires , soit
« qu'ils le soyent par l'effet d'un
« luxe dépravateur , soit qu'ils le
« deviennent par le fanatisme de
« la religion.

« Lorsque l'état est tranquille,
« lorsqu'il roule paisiblement sur
« son axe, sans que le gouffre de
« la dette publique s'ouvre devant
« lui , il doit encourager ses fils
« chéris qui le font revivre , tâ-
« cher d'éclairer ceux qui font le
« vœu coupable de l'anéantir
« et les protéger tous ; mais
« quand le trésor public est des-
« seché jusques dans sa source ,

« quand l'infâme banqueroute
« veille a la porte du gouverne-
« ment pour engloutir à la fois les
« créanciers et leurs victimes; si la
« nation peut être sauvée, en ne
« frappant qu'une partie d'elle
« même, il ne paraîtra pas dérai-
« sonnable à l'Europe qu'elle
« rende la vie aux enfants sui-
« vant son cœur, en versant dans
« leur sein les antiques usurpa-
« tions de ses enfants illégitimes.

« Membres du clergé, qui ve-
« nez de si bien mériter de vos
« frères, en abjurant le fanatis-
« me, la nation même expirante
« ne vous frappera pas ; parceque

D 3

« si votre dépouillement n'est
« pas une injustice manifeste, il
« offre du moins un trait effrayant
« d'immoralité, que doit repous-
« ser tout état qui se régénère
« par les lumières.

« C'est à votre grande ame à
« expier nos longues erreurs :
« vous rendrez, nous n'en dou-
« tons point, à la raison éclairée
« des peuples, les biens que vos
« prédécesseurs ravirent à leur
« crédulité ; et vous les rendrés
« par la seule impulsion du pa-
« triotisme, en vous croyant
« plus fortunés par vos privations,
« que les célibataires de la

« mollesse par leurs jouissances.

« Maintenant que nous avons
« lû dans vos cœurs généreux,
« et que l'hommage des patri-
« moines de la religion sur l'autel
« de la patrie semble agréé, nous
« sommes chargés par l'état, qui
« vous doit son salut, de n'accep-
« ter de vos sacrifices, que ce qui
« peut vous donner un titre à sa
« reconnaissance, sans le faire
« rougir.

« L'assemblée nationale con-
« sent, d'après vos desirs géné-
« reux, que les biens du clergé
« rentrent dans les domaines de

« l'état, et que de ce moment ils
« servent d'hypothèque à la dette
« publique qu'elle se propose
« d'acquitter : mais pénétrée de
« votre dévouement , elle vous
« en laisse individuellement la
« jouissance , les créanciers de
« l'état n'ayant pas besoin pour
« respirer en paix , de la ruine
« entière de leurs bienfaiteurs.

« Ainsi, quelque voile que la li-
« berté de penser répande sur
« l'origine de vos richesses , par
« la seule raison que vous les pos-
« sédiés à l'ombre des loix , vous
« continuerez à les posséder ;
« mais a la mort de chaque indi-

« vidu , le patrimoine sacré ne
« pouvant tomber à la famille du
« titulaire , retournera de plein
« droit à la nation dont il émane :
« une génération suffit pour
« éteindre tous ces héritages illé-
« gitimes , et la patrie consacrera
« l'intervalle de cette génération
« à éteindre aussi sa dette.

« Par ce combat de procèdés
« héroïques entre la France et
« vous , toute justice sera rem-
« plie ; vous n'aurez point été gé-
« néreux pour consommer votre
« ruine , et la France n'aura
« point payé sa dette en outra-
« geant la morale.

J'ignore, Sire, quel serait l'effet de cette adresse : mais j'aime
à croire que l'esprit en serait saisi,
soit par les membres du haut-cler-
gé, dont la naissance et l'éducation cultivée attestent les lumières ; soit par les pasteurs du second ordre qui ont déja manifesté
à l'assemblée nationale, un civisme dont la foi vulgaire s'est allar-
mée : le grand nombre honorerait
les derniers momens d'existence
de leur ordre, en le rendant citoyen ; et les autres, quoique plus
empressés à se montrer théolo-
giens que patriotes, mettraient
moins de ce zèle dévorant de la
religion, à renverser une consti-

tution, qui en leur otant leurs dogmes d'intolérance, les laisse mourir avec leurs révenus.

Quant à la noblesse Française, il me semble inutile de lui addresser un mémoire, parcequ'elle a épuisé sur l'autel de la patrie la coupe des sacrifices : c'est au sein même de l'assemblée nationale, que son président doit la remercier avec cette éloquence d'abandon, si digne des héros de l'ancienne chevalerie, qui après s'être combattus avec courage, finissaient par s'embrasser.

Il me semble voir un Clermont,

Tonnerre appellant le silence, soit par sa voix touchante, soit par le feu de ses regards, et interprétant ainsi les vœux de la France sur la générosité de sa noblesse.

« Dignes chevaliers, à qui je
« m'honore d'appartenir, et qui
« me couvrés en ce moment des
« rayons de votre gloire, vous
« venez d'acquérir, par une nuit
« de dévouement, l'immortalité
« que les héros dont vous portez
« le nom, n'ont achetée que par
« dix siècles d'exploits.

« La France, sous l'empire de la
« féodalité, était une monarchie
sans

« sans lien et sans ressort, où la
« loi ne protégeait personne, ex-
« cepté les hommes puissants qui
« se faisaient un jeu de l'enfrein-
« dre : vous avez eu le courage
« de vous défaire vous mêmes de
« cette puissance qni rompait l'u-
« nité politique ; vous avez abjuré
« des privilèges qui dégradaient
« vingt-quatre millions d'êtres
« intelligents du rang des hom-
« mes, et la vraie monarchie s'est
« montrée sans nuages, lorsque le
« trône et la loi n'ont plus vû au-
« tour d'eux ni tyrans, ni esclaves.

« Des privilèges de puissance
« vous compromettaient aux

Tome IV.   E

« yeux de vos concitoyens nés
« vos égaux ; des priviléges pécu-
« niaires qui vous auraient dis-
« pensé d'acquitter votre part
« des charges de l'état, compro-
« mettaient votre propre délica-
« tesse , et vous n'avés désiré
« d'autres prérogatives que celle
« de marcher dans les champs de
« l'honneur , à la tête des hom-
« mes nouveaux que vous efface-
« riez en courage, et en vertu.

« En détruisant ainsi vous mê-
« mes la ligne de démarcation tra-
« cée, dans le systéme féodal, en-
« tre les hommes à priviléges , et
« les serfs , ; vous n'êtes pas des-

« tendu jusqu'a ces derniers ,
« vous les avés fait monter jusqu'a
« vous.

L'état qui se régénère a les
« mêmes élémens que l'état qui
« commence ; si dans le dernier,
« tout individu sacrifie sa force
« physique pour être protégé par
« la force générale , dans le pre-
« mier , tout citoyen qui jouit de
« prérogatives , dont le titre est
« dans la seule antiquité , doit
« s'en dépouiller en faveur de la
« nation dont elles émanent, où
« du monarque qui la représente.

« Hommes généreux, vous n'a-

E 2

« vez pas attendu que le cri de
« l'opinion vint vous ramener
« impérieusement à l'égalité na-
« turelle ; vous avez renoncé vo-
« lontairement à des droits qui
« pesaient sur vos concitoyens :
« vous étiez moins flattés sans
« doute de leur fidélité dans l'es-
« clavage , que de l'élan noble
« et fier de leur reconnaissance.

« Je sçais qu'on à jetté à cet é-
« gard quelques nuages sur la
« franchise de l'assemblée natio-
« nale ; on á prétendu qu'elle n'a-
« vait accepté votre renonce-
« ment aux privilèges de la no-
« blesse , que pour avoir un pré-

« texte de vous ravir un jour vo-
« tre noblesse même, qui malgré
« les clameurs de l'envie est en-
« core plus dans votre cœur, que
« dans vos parchemins : on a as-
« similé de sages législateurs, à
« ces guerriers Sarrasins de l'an-
« cienne Chevalerie, qui ne fai-
« saient mettre a genoux l'enne-
« mi qui s'était laissé désarmer,
« que pour ne courir aucun péril
« en l'assassinant.

« La haute sagesse de l'assem-
« blée nationale m'est trop con-
« nue, pour croire qu'elle tom-
« be jamais en contradiction
« avec elle même. En décrètant

E 5

« que la France resterait monar-
« chie, elle a décrêté en d'autres
« termes qu'elle conserverait sa
« noblesse.

« La noblesse est une espèce
« de gage que l'héritier d'un
« nom illustre donne à la patrie,
« pour l'assurer qu'il ne dégéné-
« rera pas. Cette jouissance est dans
« l'opinion ; aucun pouvoir hu-
« main ne sçaurait l'anéantir ;
« des législateurs ne peuvent pas
« plus empêcher le descendant
« d'un Lorraine, d'un d'Estaing,
« d'un Montmorency, d'im-
« primer le respect avec ces
« noms augustes, qu'ils ne peu-

« vent lui oter ses ancêtres.

« Il est , je le sçais , de grands
« noms qui languissent dans la
« fange , à coté des noms obscurs
« qui les effacent : eh bien ! la pa-
« trie qui ne veut pas être servie
« par d'illustres automates , dé-
« clarera que la noblesse est cen-
« sée dormir dans l'homme dé-
« gradé pour qui elle est un far-
« deau ; mais ce sommeil ne sera
« point celui de la mort ; et s'il
« renaît un grand homme dans
« sa race , il joindra à sa considé-
« ration personnelle , l'illus-
« tration due à ses mille ans
« d'origine.

E 4

« La noblesse, quoique simple
« monnaye d'opinion aux yeux
« du philosophe, est un métal
« qui s'amalgame avec toutes sor-
« tes de gouvernements; la répu-
« blique la plus voisine de la na-
« ture peut l'admettre, pourvû
« qu'elle soit pure, qu'elle ne
« pèse sur personne et qu'elle ne
« soit pas exclusive.

« La noblesse française sera
« pure, quand l'état replongera
« dans sa fange originelle, celle
« qui s'achetait à prix d'argent,
« quand ramenée à son institution
« primordiale, elle sera le
« prix des services rendus à la

« patrie, du génie, et de la vertu.

« Il lui est impossible, grace à
« votre noble dévouement, de
« peser sur personne, car des
« noms brillants ne sont par eux
« mêmes qu'une brillante chi-
« mère ; ce sont les privilèges
« dont ils sont entourés, qui sont
« un fardeau pour la multitude
« qui ne les partage pas ; et vous
« avez épuré votre noblesse en
« renonçant à vos privilèges.

« Enfin le système de la liber-
« té ne doit repousser qu'une
« noblesse exclusive, qui déchire-
« rait le sein de la patrie, en po-

E 5

« sant une barrière éternelle en-
« tre des citoyens qui n'ont que
« des noms, et d'autres qui n'au-
« raient que des vertus ; mais
« l'assemblée nationale à cet
« égard s'est mise de niveau avec
« le siècle de lumières qui l'a fait
« naître ; la noblesse est ouverte
« de droit, à tout homme qui de-
« venu le fils de ses œuvres, sera
« le premier de sa race.

« Je désirerais même, que
« pour augmenter cette émula-
« tion politique, germe des gran-
« des choses ; nos législateurs
« adoptassent une institution,
« dont l'empire de la Chine se

« glorifie. Lorsqu'un plébeyen »
« rend à l'état, un de ces services
« mémorables qui font prononcer
« son nom à coté de celui de la
« patrie, le souverain annoblit
« ses ancètres j'usqu'a l'époque »
« de la fondation de la monar-
« chie; ainsi j'aimerais qu'un
« Chevert, après avoir décidé
« une grande victoire ; un Mon-
« tesquieu, après avoir créé
« l'esprit des loix, eussent une
« généalogie qui les fissent mar-
« cher de pair avec un Beaufre-
« mont, et un Montmorency.

« Quelques principes qu'adop-
« te la haute sagesse de nos re-

E 6

« présentants, j'aime à me flatter
« qu'ils simplifieront, mais qu'ils
« ne détruiront pas un des plus
« beaux ressorts que la politique
« ait donné à une monarchie,
« pour l'élever au dessus d'elle
« même, lorsque des mœurs dé-
« gradées, et des loix absurdes,
« conspirent à la rendre le mé-
« pris de l'Europe.

Il me semble, Sire, qu'un
Clermont-Tonnerre, qui plai-
derait ainsi la cause des siècles
de barbarie, avec la raison du
dix-huitième, se ferait écouter;
la noblesse Française revenue
de l'espèce de stupeur où de-

vait là plonger la proscription de ses chefs et l'incendie de ses chateaux , et rassurée sur son existence , s'unirait elle-même d'intérêt.à la révolution ; moins flattée du coupable espoir de la détruire , que de l'ambition généreuse d'y jouer un rolle.

Après avoir ainsi rempli l'attente du clergé, et de la noblesse , il faudrait peut-être tenter de rendre à la patrie , le corps qui s'en était montré le plus ennemi , le corps de la magistrature.

E 7

La France, je le sçais, a eû à se plaindre en tout tems de ses parlemens, qui ont conjuré contre les lumières, qui se sont faits les tyrans des opprimés qu'ils devaient défendre ; qui tantôt ont vendu la nation à ses rois, et tantôt l'ont sacrifiée à leur propre orgueil : mais les délits de la magistrature n'ont pas toujours été ceux des magistrats ; on a vû sortir de son sein, une foule de beaux génies qui ont plaidé avec éloquence la cause de l'homme, contre la triple tyrannie du culte, du trône, et des loix : en ce moment même, les représentants de la France comptent parmi eux

plusieurs membres de cours sou-
veraines qui ont payé de leur plume et de leur courage un tribut à
la révolution. Je penserais donc,
qu'en frappant à mort les parlements, il serait d'une raison supérieure d'honorer plus que jamais l'existence des individus.

La magistrature Française jouit,
depuis un grand nombre de siècles, du partage du pouvoir souverain : cette jouissance était usur-
pée sans doute ; mais quand une
nation généreuse se crée elle même, elle anéantit les usurpations
et dédommage les usurpateurs.

D'ailleurs ces corps célèbres que

leur sagesse quelquefois, et toujours leur antiquité, à rendus vénérables à la multitude, sont accoutumés à parler aux peuples ; ils dirigent quelquefois l'opinion ; ne serait il pas dangereux, dans un moment de crise, de les forcer, par un dépouillement absolu, de faire usage des restes de leur ascendant ; de les réduire, si de nouveaux Coriolans se présentaient les armes à la main, pour se venger d'une patrie ingrate, à authoriser cet attentat du simulacre des loix, tandisqu'un sacerdoce prévaricateur l'appuyerait du phantôme de la religion ?

Enfin ledirai-je ? ces magistrats

dont le despotisme, quand ils é-
taient rassemblés, pesait si fort sur
la nation, se trouvaient individuellement les hommes les plus
éclairés, soit sur les loix faites,
soit sur les loix à faire : tout me
persuade qn'on aura la sagesse de
les mettre à la tête des tribunaux
souverains qu'on s'apprête à or-
ganiser, et que sous prétexte de
faire triompher l'égalité naturelle,
on ne livrera pas la machine com-
pliquée de l'ordre judiciaire à
l'inexpérience de la simple probité.

Il ne reste plus aux législateurs
de la France, qu'un seul acte de

générosité a faire, pour cimenter à jamais le grand ouvrage de la nuit des sacrifices ; c'est d'assurer par une amnistie solemnelle et irévocable, le retour des princes du sang et de la noblesse fugitive ; et il leur serait aisé d'ouvrir ainsi une voye aux remords, sans compromettre leur dignité.

« Citoyens égarés, mais non
« pervers, dirait on dans l'acte
« d'amnistie, la patrie qui ne
« vous doit rien, mais qui vous
« aime, vous invite à rentrer dans
« son sein.

« N'entendez vous pas la cré

« dulité méfiante vons accuser
« d'armer des mains étrangères
« pour déchirer le pays qui vous
« a vû naître , et qui seul peut
« vous rendre heureux ? un pa-
« reil délit , le premier dans l'or-
« dre social , n'est pas fait pour
« atteindre une noblesse dont
« l'honneur est l'élément ; mais
« tout homme qui sent quelques
« gouttes de sang Français couler
« dans ses veines , ne s'expose pas
« à l'opprobre d'une pareille ca-
« lomnie ; il franchit , au premier
« signal la barrière qui le sépare
« de sa patrie et comme Thémis-
« tocle , il aime mieux mourir que
« de vivre soupçonné.

« Lorsque vous quittates la
« France à l'origine de l'insur-
« rection, vous cédates à un mou-
« vement naturel d'effroi ; vous
« abandonniez une Ville divisée
« contre-elle-même, où un peu-
« ple effrené assassinait avec les
« débris de ses chaînes, tout ce
« qui portait les livrées de l'an-
« cienne tyrannie ; mais en ce
« moment, la force publique s'é-
« lève sur les décombres de l'a-
« narchie, tout le monde est pro-
« tégé, jusqu'au scélérat que la
« loi n'a pas jugé encore, et la
« nation vous garantit un azile,
« tant que vous lui garantirez vo-
« tre fidélité.

« Votre évasion semblait en-
« core motivée par les atteintes
« qu'on menaçait de porter au
« trône et à la personne du mo-
« narque ; mais aujourd'huy ce
« prétexte est anéanti ; le roi, ap-
« pelle lui même la constitution,
« pour consolider sa couronne
« sur sa tête , et tout ce qui s'est
« fait dans l'assemblée nous ne
« disons pas de grand, mais d'heu-
« reux , est son ouvrage.

« Cette constitution épurée au
« creuset des lumières , semble-
« ra attentatoire à tous les droîts
« usurpés dans les ages d'igno-
« rance et de barbarie ; mais

« quand vous en étudierez les ba-
« ses, vous apprendrez à l'esti-
« mer et à vous estimer vous
« mêmes : vous ne croirez pas
« avoir rien sacrifié, quand vous
« deviendrez heureux même par
« vos sacrifices.

« Au reste ce code de loix une
« fois terminé, l'état demandera
« à tous ses citoyens de le confir-
« mer de leur suffrage ; par une
« générosité qui n'a point encore
« eû de modèle, il les supposera
« entrés pour la première fois
« dans le monde social, et leur
« laissera peser en paix soit les
« jouissances sauvages de la liber-

« té de nature , où personne
« n'obéit ni ne commande, soit
« les fruits purs d'un gouverne-
« ment modéré , où le citoyen
« voit la loi sur sa tête, et jamais
« les hommes.

« Une patrie créé par les lu-
« mières se suffit à elle même,
« et ne veut être servie ni par la
« terreur , ni par la perfidie ; ve-
« nez voir la prospérité qu'elle a
« conquise au milieu des orages ;
« si cette prospérité parle à votre
« cœur , vous lirez sans préjugé
« la constitution qui en est la base,
« et d'esclaves des trônes , vous
« deviendrez des citoyens.

« Si vous n'êtes pas murs pour
« une révolution qui demande à
« l'homme dégénéré de grands
« sacrifices , n'adoptés pas des
« loix qui vous donneraient un
« jour des regrets où des remords,
« mais restez parmi nous sous le
« titre d'étrangers ; cette consti-
« tution que vous dédaignez vous
« protégera : la patrie ne veut
« punir des enfants qui se déro-
« bent à ses caresses , qu'en leur
« montrant le bonheur du reste
« de la famille.

Ce pendant la nuit s'approchait;
l'empereur s'habilla à la hâte
pour tenir son audience , et contre

tre l'usage, il voulut qu'elle commençat sans flambeaux : philosophe , dit-il , mes forces m'abandonnent ; je n'existe plus que par les ruines de mon intelligence , et par le sentiment de ton amitié : aide moi à essayer la derniere jouissance de l'homme de bien , à être bienfaisant : voici un coffre antique de bois de Cèdre , qui renferme mille ducats de Venise; présente le en ton nom au premier étranger qui paraîtra dans ma tente : je lui dois beaucoup , mais je ne puism'acquitter envers lui , qu'en transportant à toi seul toute sa reconnaissance.

Tome IV. 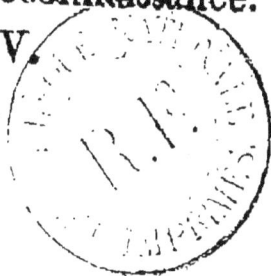   F

Le sage, qui avait eu tant d'oc-
casions dans sa longue vie d'être
un vrai bienfaiteur, balançait si
pour plaire au prince, il se con-
tenterait en ce moment d'en jouer
le rolle : mais la vue de l'amiral
d'Alger, fit tomber tous les voiles
qui lui cachaient la délicatesse de
Joseph dans sa générosité ; une
larme alors s'échappa de ses yeux,
que la sensibilité avait empêché
l'âge de dessécher, et un regard
touchant de l'empereur, lui ap-
prit que leurs ames venaient de
s'entendre.

Noble Africain, dit le prince,
vous avez pour esclave et pour

ami , un chevalier de Malthe connu dans ce camp par une belle ac-
tion , qu'il voulait dérober à tous
les regards ; quand l'homme vertueux sème le bien en secret, c'est
le ciel qui le recueille ; un homme sensible qni doit la vie à votre Européen , vous apporte sa
rançon , vous l'aviez fixée vous
même où á mille ducats , où à un
grade honorifique auprès d'un
monarque : vos vœux seront rem-
plis : la somme sé trouve en or le
plus pur dans ce petit monument
du luxe Oriental , que ce vieillard
vous présente. Mais toute justice
n'est pas encore remplie ; le sage
a acquitté la dette de la reçonnais-

sance, moi souverain, je vais acquitter celle de l'admiration pour
votre vertu ; je vous fais comte du
saint Empire , et à ce titre vous
pourrez déployer où votre grandeur d'ame à ma cour , oú votre
bravoure dans mes armées ; voici
votre diplôme ; honorez ce sage
qui m'est cher, offrez à ma bienfaisance le mérite infortuné qui
se cache ; voila les seuls titres que
je veux avoir à votre reconnaissance.

L'amiral resta d'abord immo-
bile de saisissement, et d'admiration, il en sortit bien-tôt, pour aller se précipiter aux pieds de

l'empereur ; mais le prince qui
pressentit ce mouvement l'empè-
cha de l'exécuter ; ce n'est pas à
mes genoux, dit-il, qu'il faut se jet-
ter , c'est dans les bras de ce philosophe, à qui je sens que je devrai
le peu de bien qui me reste à
faire , dans ma courte et douloureuse carrière.

En ce moment, on annonça l'esclave ; Joseph fit signe au sage,
et à l'amiral , de se retirer dans
l'enfoncement de la tente , pour
jouir, sans le troubler, d'un spectacle fait pour porter dans leurs
ames de douces émotions ; l'obscurité au reste favorisait une illu-

sion pareille ; il s'agissait , de lire
dans un cœur inconnu à tout le
monde, et peut-être à lui même :
il faut à cet effet , pour l'être in-
génu , qui rougit de s'ouvrir, le
silence du recueillement , un seul
témoin , et une espèce de demi-
jour qui tienne encore plus des té-
nèbres , que de la lumière.

L'empereur , qui comme le
vrai héros , était si grand quand
il sçavait descendre , alla lui même au devant de l'esclave : il évi-
ta de lui parler le premier ; comme s'il voulait épier son ame er-
rante sur ses lévres , mais il lui ad-
dressa un regard plein de dou-

ceur, un de ces regards qui force-
rait à la confiance jusqu'a l'hypo-
crisie.——

Je me rens aux ordres du prince, qui, tout esclave que je suis,
à daigné veiller sur ma vie ; du
prince, que sa bienfaisance, rend
le souverain naturel de tous les
hommes.——

Vous honorez trop le sentiment
qui m'a inspiré ; il manque à ma
gloire, que l'esclave que j'ai voulu dérober à la mort, ne fut pas
chevalier de Malthe.——

Votre délicatesse, Sire, vous
fait illusion ; vous oubliez que

vous avez sauvé en moi, le gentil-homme, et l'homme.——.

Chevalier, nous sortons tous deux d'une maladie que la médecine, encore plus que la nature, rendit douloureuse ; nos forces sont épuisées, et nos genoux chancelent ; croyez moi, prenons chacun un siège... vous hésitez par respect, eh bien puisque Joseph qui vous prie n'est pas écouté, c'est l'empereur qui vous le commande. ——

Votre majesté, me confond ; qu'y a-t-il de commun entre le premier monarque du monde, et un esclave ?——

Cet esclave, quand il est le libérateur d'hommes libres, est pour moi Epictète,——

Il est vrai qu'un hazard heureux m'a permis de contribuer à dérober un sage au fer de ses assassins.——

Un sage, chevalier !——

Oui, Sire, un sage que l'infortune a fait ; qui n'a jamais ravalé l'homme de la nature, audessous de l'homme factice des sociétés ; qui m'a appris le secret d'être libre, au milieu de mes chaînes.——

Mais si vous n'aviez plus de chaînes !——

Assurément je n'ai jamais plus desiré de me voir libre, qu'en ce moment où ma patrie commence à l'être ; mon nom, quoique sans influence, s'associerait peut-être aux grandes choses que la France médite : mais ma famille, qui a toute l'indigence de trois siècles de vertus, est hors d'état de me racheter, et je ne dissimulerai pas qu'il y a bien peu d'hommes sur la terre, de qui ma fierté consentit à tenir le bienfait de ma rançon.——

Ce noble orgueil vous relève et n'humilie personne... ainsi un souverain, qui voudrait, en vous rachetant, acquitter la dette de la vertu...——

Sire... vous me mettés dans un trouble...——

Je pressens votre réponse. Calmez vous; je vous admirerai sans vous offenser... mais enfin cette dette sacrée que les rois ne sont pas dignes de garantir, peut être payée par la reconnaissance. Chevalier, vous avez sauvé deux vies qui vous étaient cheres...——

Pardon, Sire, mais je connais la fortune du philosophe; frappé dans toutes ses propriétés, par le despotisme Ottoman, il à l'indigence de cet Aristide, qu'il égale en vertu , et qu'il efface en lumières. ——

Chevalier , achevez de m'entendre. Votre héros m'a rendu un service, que, tout chef de l'empire que je suis , ni mes richesses ni ma puissance ne sçauraient acquitter : je l'ai conjuré d'agréer en qualité de simple souvenir, un petit monument de l'antique Phénicie, qui renfermait dans l'origine , un talent d'or , et auquel mes ancêtres ont substitué mille ducats ; cette somme à l'instant à été destinée, à votre rançon : eh bien , reste-t-il encore des

nuages

nuages dont s'allarme votre délicatesse ? —

Votre héroïsme, Sire, les à
tous dissipés : il n'est plus en mon-
pouvoir de cacher que le bonheur
suprême pour moi, est de devenir
libre par les bienfaits du premier
des sages ; par... —

Vous rougissez, chevalier ! —

Par les votres, ô le plus noble
des souverains.... un seul scrupule
parle encore à mon ame : mon
maître est mon bienfaiteur : la loi
peut briser dans mes mains les
chaînes de la politique, mais non
dans mon cœur celles de la recon-

Tome IV.   G

naissance ; si l'amiral souffrait
de la nécessité d'accepter ma
rançon..r——

L'amiral est devenu comte de
l'Empire , et il n'a rien à me
refuser. ——

En ce moment, une portière
s'ouvrit au fond de la tente., et
il en sortit une jeune personne
vêtue comme la Clorinde du Tas-
se , c'est-à-dire dans tout le cos-
tume d'un sexe guerrier , à l'époque de l'ancienne Chevalerie ;
elle tenait à la main une épée nue,
dont la poignée était enrichie
de diamants : une espèce de voile

grec qui la couvrait jusqu'a la
ceinture, et encore plus l'obscurité, empêchaient de distinguer
ses traits; à peine l'inconnue eut
elle fait un pas, qu'elle s'arrêta
d'un air timide, et comme au
bruit léger qu'elle fit en entrant,
l'empereur ne fit aucun mouvement, le chevalier l'imita par respect, ne détourna point ses regards, et continua son entretien.

Chevalier, ce soir vous n'aurez
plus de maître; quel usage comp-
tez vous faire de votre indépendance ?

L'honneur, Sire, ne me laisse

pas la liberté du choix ; s'il s'agissait de servir des rois , je balancerais peut-être entre Louis XVI, et vous : mais c'est une patrie semblable à celle des Guillaume Tell , et des Wasington qui m'appelle , et je ne dois pas hésiter à verser pour la défendre, le peu de sang que m'ont laissé mes blessures.——

- Ainsi le patriotisme , vous ferait abandonner pour jamais le sage , sans lequel vous seriez encore esclave ?——

Pour jamais !... cette idée me déchire.——

Il osait se flatter que je ren-
drais un jour la liberté au Pélopo-
nèse , et que vous aideriez sa
main défaillante à revivifier les
ruines d'Athène , et de Lacédémone —

Quoi je pouvais espérer...non ,
Sire , c'est un rêve touchant de sa
sensibilité , permettez que je
le rejette. —

Eh ! pourquoi rejetter loin de
nous, les rêves consolateurs du
sage ? hélas ! il n'est souvent donné aux rois , comme aux philosophes, que de rêver au bonheur
des hommes ; mais vous même ,

G 5

chevalier , dans votre longue convalescence , ne vous est-il pas échappé quelquefois de ces rêves enchanteurs , qui font desirer à l'homme sensible de ne se réveiller jamais ? on m'a dit ; que le jour de l'incendie de la forêt , lorsque vous n'existiez que par votre imagination ardente , vous aviez crû voir devant vous un des êtres dont votre courage vous rendit le libérateur , que vous respiriez plus librement aux sons de sa voix enchanteresse , que vous puisiez des principes de vie dans ses regards...——

Eh bien ! Sire, ce songe même

toujours vainement banni de ma
pensée , commande impérieusement mon départ ; quand on a
épuisé la coupe de la félicité suprême, et qu'on ne le doit qu'à
une imagination en délire, il faut
sçavoir mourir , où mettre un
monde entier entre son cœur
et soi. ——

Il n'y a qu'une âme neuve , et
vigoureuse , qui puisse s'imposer
d'aussi pénibles sacrifices : mais
sans doute vous ne voulez pas
contrister deux êtres à qui vous
pouvez être cher ; eh ! qui vous à
dit, que leurs cœurs sensibles n'é-
prouveront aucune atteinte par

l'exil éternel de leurs libéra-
teurs ? —

Qui me l'a dit, Sire ? leur générosité ; ils n'ont pas voulu me
devoir un service , qui m'aurait
élevé jusqu'à eux , ils ont payé
ma rançon. —

Homme généreux , votre ame
m'est connue, et je ne veux pas
différer plus long-tems de vous
rendre à une patrie qui s'hono-
rera un jour de vous avoir fait
naître. Il est tems de relever devant ma cour votre noblesse flé-
trie, aux yeux de l'Europe, par un
long esclavage ; vous allez être ar-

mé chevalier : l'épuisement de
mes forces, m'interdit l'avantage
d'exécuter moi même la cérémonie ; mais j'ai remis toute ma puissance à une héroïne, qui à les
graces des Clorinde, et leur bravoure ; le serment de combattre
pour la patrie, vous coutera peu,
quand la lice de l'honneur vous
sera ouverte par la beauté. ——

Le chevalier n'avait pas attendu les derniers mots de l'empereur, pour se précipiter à ses genoux ; le prince le releva avec bon_
té, et lui dit en souriant qu'il devait
réserver cet hommage à la beauté qui lui donnerait l'accolade.

G 5

Cependant, on éclairait la partie antérieure de la tente ; les officiers généraux, et les princes de l'empire, entraient en foule pour voir la cérémonie ; le philosophe seul avec l'amiral, resta dans l'alcove mal éclairée, où était placé le lit de l'empereur, attendant pour féliciter le chevalier de son triomphe, l'arrivée d'Éponine.

Joseph se déroba un instant aux flots de ses courtisans, pour aller trouver le philosophe, pour lui demander la permission de disposer, en faveur de son libérateur, de l'épée qu'il lui destinait à lui même, en mémoire de l'échange de leurs armes, le jour de leur première entrevue dans la forêt de Belgrade ; cette permission demandée était un trait de délicatesse ajoutée à un bienfait ; l'empereur vit le consentement du sage, dans son émotion, et il ne voulut pas d'autre réponse.

Dans l'intervalle, un trône s'érigeait au milieu de la tente ; l'empereur y fit monter la jeune inconnue, que son voile dérobait encore à tous les regards, et alla s'asseoir à ses côtés, se plaisant à initier sa main novice, dans toutes les cérémonies de l'ancienne Chevalerie.

G 6

Quand le moment fut venu de prononcer le serment, l'inconnue qui ouvrait la bouche pour la première fois, dit d'une voix altérée JUREZ, et s'arrêta d'émotion et de saisissement. Le chevalier, maître de la formule, adopta alors celle que le patriotisme avait gravé dans son cœur.

« Je jure dit il, d'être fidelle
« aux loix que la raison éclairée
« de mes concitoyens adoptera,
« à la nation qui s'arme pour les
« défendre, et au monarque qui
« trouve son bonheur à les
« protéger.

L'épée nue lui fut présentée

avec des graces que la réserve touchante de l'inconnue relevait encore. Toute la cour regardait avec admiration les diamants dont la poignée était enrichie ; le jeune guerrier ne vit que l'emploi du fer qui lui était confié ; il déclara que ni sa patrie, ni la beauté, ne rougiraient de l'en avoir fait dépositaire.

La patrie est satisfaite, dit la nouvelle Clorinde, d'une voix a demi étouffée ; la France, et la gloire vous appellent ; partez.

Il restait une dernière cérémonie ; le nouveau chevalier, dans

l'âge d'or des Paladins, recevait
des femmes qui assistaient à sa ré-
ception, un ruban, et un baiser;
le ruban fut offert sans em-
barras par la jeune inconnue;
mais elle hésitait pour le baiser.
L'empereur voulut que rien ne
fut omis dans la pompe de ce jour;
il fit un signe au philosophe : ce-
lui-ci s'approcha du trône, et
pendant que le chevalier à genoux
tendait les bras à la beauté qui
s'inclinait en rougissant, il écarta
le voile, et tout le monde recon-
nut Éponine.

La vûe de l'héroïne, son regard
qui allait chercher l'ame, et en-

core plus son baiser, mirent le
désordre dans les sens du chevalier, qui trop faible pour une
pareille scène, palit, chancela
sur les marches du trône, et tomba sans connaissance.

A peine était il rendu à la vie,
que sur ses instances, l'empereur
consentit à son départ pour la
France : ce prince lui fit présent
d'un de ses équipages, et l'ac-
compagna jusqu'a la sortie du
camp, n'ayant pour cortège que
l'amiral, Éponine, et le philosophe.

Le personnage qui, dans cette

séparation, montra sur son visage le plus de fermeté, fut Éponine ; tout le monde pendant la route vantait son stoicisme, mais quand elle se vit seule avec son pere, elle se jetta dans ses bras, le cœur gros des soupirs qu'elle avait long-tems étouffés, et par une allusion délicate au dévouement de la noblesse française, dont le récit avait préparé les évènements de ce jour, ET MOI AUSSI MON PERE, dit-elle, JE SENS TROP QUE CETTE NUIT EST POUR MON CŒUR LA NUIT DES SACRIFICES.

DE PARIS,

DEVENU UN MOMENT UNE RÉPUBLIQUE DE PHILOSOPHES.

L'EMPEREUR était à Laxembourg, luttant, avec la dernière étincelle d'un esprit lumineux, contre l'affaissement de ses organes ; tourmenté la nuit par de pénibles insomnies, il traçait, avec le philosophe, le plan d'une république qu'il voulait fonder dans ses nou-

velles conquêtes : le jour, au milieu des accès d'une fièvre arden-
de, il méditait d'abroger les loix
atroces qui avaient préparé l'insurrection du Brabant. Plus le
scèptre échappait de ses mains dé-
faillantes, plus sa raison tentait de
le retenir ; comme s'il avait une
grande dette à payer à ses peuples,
et qu'il eut attendu que ses yeux
fussent sur le point de se fermer,
pour lire sur le marbre de sa tom.
be le secret de l'art de régner.

Le philosophe devenu son premier ministre, mais sans en avoir
le titre, décachetait ses lettres,
en dirigeait les réponses, et c'est

d'après son travail, que la volonté de l'empereur était transmise au prince de Kaunitz, et de là dans les cabinets diplomatiques de l'Europe,

Un jour qu'un courier extraordinaire de la cour de Versailles apportait des dépêches importantes à Laxembourg, le sage, en développant le paquet, fut bien surpris de trouver sous le couvert du prince, deux lettres addressées à Éponine.

Joseph fut d'avis de ne point porter atteinte à la propriété d'une ame aussi pure, ainsi les

lettres furent remises cachetées à
l'héroïne. Celle-ci les ouvrit,
avec une sérénité que l'art du
sexe dans les villes n'imite point;
seulement ses regards semblaient
reprocher tendrement au sage
une réserve qui l'offensait : réserve qui faisait soupçonner la fille la
plus aimante, d'avoir des secrets
que son pere fut obligé de
respecter.

L'empereur témoigna sans le
manifester ouvertement, le desir
qu'il avait d'être dans la confi-
dence d'Éponine : celle-ci enten-
dit ce que le prince ne disait pas,
et consentit à faire hautement la

lecture de ses lettres ; un tiers effraye quelquefois l'amour , mais jamais la vertu.

« Permettrez vous , céleste « Éponine, à une Grecque qui » vous doit l'honneur et la vie , à « la sensible Zima, de vous ad- « dresser le plus pur des hom- « mages, de laisser parler devant « vous un cœur , qui muet peut- « être pour l'amour , ne peut « s'ouvrir encore qu'a la recon- « naissance ?

« On vous a sans doute racon- « té mes malheurs , à l'époque « de votre voyage sur le Danube ;

« on vous a dit que victime d'un
« complot tramé par les satellites
« du chef des Eunuques Otto-
« mans, je ne m'étais dérobée à
« la mort qu'en me dévouant au
« naufrage : pendant que je lut-
« tais contre les vagues, avec
« les seules forces de la nature,
« le capitaine d'un navire Fran-
« çais, qui appareillait pour met-
« tre à la voile, m'apperçut, s'é-
« lança à la mer, et me saisissant
« par ma longue chevelure, ma
« jetta dans sa chaloupe. L'épui-
« sement de mes forces, m'avait
« ravi toute connaissance ; je ne
« revins à moi que quelques heu-
« res après, lorsque le vaisseau

« cinglait à pleines voiles vers le
« détroit des Dardanelles.

« Quand mes yeux se rouvri-
« rent à la lumière , l'idée de
« mon premier naufrage , revint
« involontairement à ma pensée ;
« me croyant encore sur le Cos-
« mopolite , je regardai avec in-
« quiétude au tour de moi ; je
« cherchai la sensible Euphrosi-
« ne , compagne de mon infortu-
« ne , destinée comme moi aux
« caresses insultantes d'un maître
« couronné qu'elle ne connais-
« sait pas : je cherchai le philoso-
« phe qui avait tant de fois parlé
« à ma raison , et la généreuse

« Éponine , qui parlera long-
« tems à mon cœur par ses graces
« touchantes , et par ses bienfaits.

« Un seul être offrait à ma mé-
« moire une des images chéries
« du Cosmopolite ; c'était mon
« libérateur ; il avait quelque
« chose de l'esclave de l'amiral
« Algérien qui s'était montré si
« grand dans mon premier nau-
« frage ; non qu'il lui ressemblât
« par la fraicheur de l'adolescen-
« ce , par l'ingénuité piquante
« des traits , par 'ame qui vivifie
« les regards ; tout cet ensemble
« de beauté appartient au mo-
« dèle , et n'appartient qu'a lui
                              seul

« seul : mais le capitaine français,
« comme lui, n'appercevait le
« danger que quand il était af-
« fronté ; il avait son courage,
« quand un sexe timide implorait
« son appui, et sa réserve tou-
« chante, quand il voyait appro-
« cher le moment de la recon-
« naissance.

« Lorsque ses soins eurent a-
« chevé de me rendre a la vie,
« instruit par ma bouche de mes
« longs malheurs, Zima, me dit-
« il, la France où je suis né, vient
« de secouer le joug qui la ren-
« dait inhabile aux grandes cho-
« ses : j'apprens en ce moment

Tome IV. H

« que j'ai une patrie, et je vais
« dans son sein, lui offrir l'hom-
« mage d'une vie, dont le ciel qui
« nous protège tous deux vient
« de refuser le sacrifice.

« Je vais vous conduire dans la
« capitale de cet état qui se régé-
« nère ; si ses nouvelles loix vous
« plaisent, je vous en rendrai ci-
« toyenne ; si les secousses de sa
« révolution effarouchent votre
« timide jeunesse, je vous ra-
« menerai au printems au Pélo-
« ponèse.

« En attendant, je donnerai à
« tout le monde l'exemple du

« respect qu'on doit à vos graces,
« et à votre vertu : le vaisseau où
« je commande est le temple de
« la décence , et le hamack où
« vous reposez en sera le sanc-
« tuaire.

« Ce discours partait d'une
« ame magnanime sans doute ;
« mais, je ne sçais, son éloquence
« superbe me plut moins que le
« silence modeste de l'esclave ,
« lors qu'après avoir travaillé .
« sous vos auspices, a notre déli-
« vrance, il vous vit , de la foule
» où on le dédaignait, couronnée
« par le Commodore ; il me sem-
« ble que l'offre fastueuse des

H 2

« services qu'on veut rendre , ote
« un peu du prix des services
« rendus , et qu'il faut quelque-
« fois qu'un bienfaiteur oublie
« que nous lui devons tout , pour
« que notre ame délicate ne l'ou-
« blie jamais.

« J'ignore pourquoi je reviens
« toujours à cet esclave qui me
« distinguait à peine, quand j'é-
« tais avec vous ; qui me parlait
« sans me regarder , tandis-qu'il
« vous regardait sans parler ; que
« son indigence condamne à pas-
« ser sa vie dans les chaînes , et
« que sans doute je ne reverrai
« jamais.

« Vous, à qui tout les replis du
« cœur humain sont connus, cé-
« leste Éponine, daignez me ré-
« véler ce qui se passe dans le
« mien ; pourquoi aurais-je désiré
« que le même être fut encore
« mon libérateur ? et qu'y-a-t-il
« de commun entre la destinée
« d'une sultane et celle d'un
« esclave?...

    « L'honneur à tenu tous ses
« serments ; et me voici arrivée
« dans Paris, sans que personne
« dans le vaisseau ait osé pronon-
« cer devant moi le mot d'amour :
« ce mot vuide de sens, quand le
« cœur ne l'a pas dit en secret .

H 2

« mille fois, avant l'instant où la
« bouche le laisse échapper.

« Tous mes loisirs ont été rem-
« plis par l'étude des mœurs de
« la France, de son culte et de
« son nouveau gouvernement ;
« mon généreux instituteur s'y
« est prêté avec un zèle qu'on
« trouve rarement dans l'élan de
« la simple amitié ; il croit que
« mes progrès ont surpassé son
« attente ; je n'ose m'en flatter,
« quoique j'aie tout fait pour me
« rendre digne des regards d'Épo-
« nine : cependant, elle s'apper-
« cevra au ton de cette lettre
« qu'une sultane de dix-neuf ans,

« quand elle aime la fille d'un sa-
« ge , peut balbutier la langue
« des philosophes.

« J'entrai dans la moderne
« Babylone , le lendemain de cet-
« te nuit du quatre auguste , que
« les nouvelles annales de la liber-
« té française désignent sous le
« nom de la nuit des sacrifices :
« on ne peut se faire une idée de
« l'yvresse de la multitude : per-
« suadée qu'elle était libre , parce-
« que dans le sommeil des loix elle
« ne voyait personne audessus
« d'elle , elle manifestait sa joye ,
« avec une franchise bruyante ,
« qui faisait croire aux politiques

« vulgaires qu'elle était mûre

« pour l'indépendance.

« J'aime assés dans une nation

« qui a entrepris de n'appartenir

« qu'a elle même, ce délire de la

« joie, à l'époque de ses premiers

« triomphes ; il me met bien plus

« à mon aise que le silence de la

« terreur, qui dans les états abso-

« lus est le seul signe de vie que

« le peuple donne au gouver-

« nement.

« Quand on a passé quelques

« jours dans la première métro-

« pole de l'Europe, on sent

« qu'elle n'a pas besoin de ses

« remparts pour retenir dans son
« sein tout ce qui s'y renferme.
« Telle est la douce magie de ses
« mœurs, qu'elle force tout étran-
« ger à devenir Français , comme
« la société de Calypso forçait les
« héros errants de la Grèce , à de-
« venir citoyens d'Ogygie.

« J'ignore qu'elles étaient les
« mœurs de Paris avant son in-
« surrection , mais elles ont en
« ce moment la douceur de l'in-
« nocence , et la franchise de la
« générosité ; tout le monde s'y
« respecte , parceque tout le mon-
« de s'y croit égal : je crois être
« au milieu d'une famille d'un

« million d'hommes , dont le pe-
« re est absent , et dont aucun
« des enfants ne jouit du droit
« d'ainesse.

« Il est donc vrai, que les bon-
« nes mœurs veillent quelquefois,
« dans l'absence des bonnes loix,
« au maintien de l'ordre dans
« les états ! généreux Français,
« continuez à avoir l'ame expan-
« sive de mon Éponine , soyez
« plus sensibles que raisonneurs ,
« et vous reposerez paisiblement
« sous la sauve-garde de votre
« vertu , et vous aurez une pa-
« trie sans avoir besoin d'assem-
« blée nationale.

« Dans l'enchantement où me
« mettait une harmonie d'idées ,
« et de sentiments que je devais
« plutôt attendre d'Athènes qui
« commence , que de Sybaris qui
« finit , je me suis occupée à étu-
« dier en silence dans toutes les
« classes de la société , s'il n'y
« avait rien de factice dans cette
« harmonie, et j'ai parcouru, la
« balance en main , chaque dégré
« politique du gouvernement ,
« comme si le patriotisme n'avait
« pas renversé l'échelle.

« La noblesse, je ne parle pas de
« celle des cours, dont l'orgueil
« égale presque toujours la per-

« versité , m'a parû épouser avec
« une franchise chevaleresque
« le système de l'égalité : elle di-
« sait qu'on n'aurait osé impuné-
« ment conquérir ses priviléges ,
« et elle s'énorgueillissait d'en
« avoir fait librement le sacrifice.

« Quelques ministres des au-
« tels, aussi insensés que le Muph-
« ti des Ottomans , m'ont dit que
« tenant du ciel , leur supériori-
« té sur les rois , aucune puissan-
« ce de la terre ne pouvait les
« faire descendre à l'égalité so-
« ciale ; mais tous les membres
« éclairés de cette classe , et j'en
« ai vû un grand nombre, s'applau-
dissent

« dissent de tenir enfin par quel-
« ques nœuds politiques à un
« gouvernement, dont des pré-
« jugés sacrés les séparaient; ils ai-
« ment mieux être confondus
« par le civisme avec leurs con-
« citoyens, que d'en être a ja-
« mais séparés par l'orgueil de la
« religion.

« J'ai été présentée au roi :
« son front avait toute la sérénité
« que donne la vertu ; on y
« voyait empreinte la noble cons-
« cience de sa force ; et il y en
« avait beaucoup sans doute à s'ê-
« tre prêté par ses facrifices, à
« changer des esclaves en hom-
Tome IV.   I

« mes, et a avoir abbaissé sa cou-
« ronne, pour la mettre de niveau
« avec le bonheur de la multi-
« tude.

« La souveraine m'a étonnée
« par son grand caractère ; elle
« perd par la révolution tout ce
« qui peut flatter une reine vul-
« gaire , le pouvoir de disposer
« de l'or de l'état , et de ses pla-
« ces , et elle aime cette révolu-
« tion : on l'a accusée de haïr la
« France , comme s'il existait en
« Europe un plus beau trône
« qn'elle fut condamnée à aimer,
« et elle sert la France avec au-
« tant de franchise , que si elle

« n'y devait jamais trouver d'in-
« grats; on l'a poursuivie par des
« libelles dont le silence des loix
« assurait l'impunité , et elle ne
« s'est vengée que par des mots
« sublimes , et des bienfaits.

« Mes yeux se sont portés sur
« l'assemblée nationale , et j'ai vû
« le même esprit animer douze
« cents personnes, que la diversi-
« té d'éducation morale , les pré-
« jugés de secte et l'intérêt , de-
« vaient diviser : cet accord entre
« tant d'élémens hétérogènes,
« m'a parû tel, que j'ai crû un mo-
« ment que le colosse immense de
« la constitution française était

I   2

« tout a fait érigé , et que les lé-
« gislateurs se reposaient sur
« leurs travaux, comme notre
« Hercule grec sur sa massue.

« Depuis que j'ai été témoin du
« spectacle touchant , et sublime
« d'un peuple immense, à qui sa
« raison tient lieu de loix, j'ai crû
« voir le ciel descendre sur la ter-
« re , et mon ame a été avertie
« de sa dignité.

« Le tableau d'un empire heu-
« reux , et qui mérite de l'être ,
« est ma première jouissance, de-
« puis que j'ai quitté le Cosmo-
« polite , et cette jouissance n'a

« rien de celles que mon sexe,
« et mon age peuvent se promet-
« tre ; elle n'entraîne point ces
« mouvements impétueux que je
« soupçonne dans le délire de
« l'amour, et qui en fatiguant le
« cœur, laissent un long vuide
« après elle ; c'est un état tran-
« quille, où le tems semble effleu-
« rer sa durée, et qui procure
« moins de délices à l'ame et aux
« sens qu'à l'entendement ; il faut
« être un peu philosophe pour sa-
« vourer de pareils plaisirs, et
» s'addresser à la fille de Platon,
« pour en faire agréer le tableau.

« Venez céleste Éponine, aim-

I 3

« si que tout ce qui vous est cher,
« dans cette ville, digne de vous
« recevoir dans son sein ; vous y
« verrez comment, à l'exemple
« des phénomènes de l'électrici-
« té, l'étincelle de la philosophie
« à frappé á la fois tous les êtres
« qui l'habitent, depuis le trône,
« jusqu'a la poussiere ; la vieillesse
« vénérable de votre pere, y
« prendra de nouveaux principes
« de vie, et l'infortuné qui s'est
« montré généreux envers nous,
« du moment qu'il mettra le pied
« dans une république de sages,
à cessera d'être esclave.

DE LA NUIT
DES RÉGICIDES.

« Hâtez-vous, vertueuse Epo-
« nine, de déchirer ma dernière
« lettre ; ses pages coupables en
« imposeraient à la postérité, si
« j'avais le talent d'écrire pour
« elle : je vous ai représenté le
« peuple de Paris comme une ré-
« publique de sages; la vérité, qui
« s'indigne sous ma plume, re-
« pousse les traits d'un pareil ta-
« bleau ; c'est en appelant le

I 4

« despotisme Ottoman sur la tête
« d'hommes féroces, à qui toute
« espèce de joug est inconnu, que
« je puis expier le crime de les
« avoir loués.

« Déja vingt jours se sont écou-
« lés, depuis les scènes de carna-
« ge dont j'ai été le témoin , et
« leur image épouventable vient
« toujours assiéger ma pensée : il
« me semble d'avoir assisté a la
« tragédie d'Atrée ; le sang d'un
« fils bû par son pere n'est plus
« dans la coupe , et mes lèvres la
« repoussent encore.

« Vous vous rappellez avec

« quel charme je me livrais au
« plaisir d'être juste, envers un
« peuple qui avait tant parlé à ma
« sensibilité : j'écrivais le lende-
« main de cette nuit mémorable
« du quatre auguste, où le pa-
« triotisme avait enivré la moi-
« tié de la nation ; le breuvage de
« Circé était encore sur mes lè-
« vres ; le ciel où j'habitais se ren-
« brunit peu à peu, et enfin la
« nuit du cinq au six octobre,
« l'enfer, de la plus effrayante des
« religions, du Christianisme, se
« présenta à mes regards , et je
« désirai de mourir.

« L'ordre historique des dattes,

I 5

« ne met que soixante jours ;
« mais l'ordre philosophique des
« nuances dans les mœurs d'un
« peuple, devrait mettre soixante
« siècles d'intervalle, entre les
« deux événements que je mets
« en regard : entre ce que la
« France a appellé la nuit des sa-
« crifices, et ce que j'appelle la
« nuit des régicides.

« Depuis quelque tems, le peu-
« ple de Paris, que des factieux
« ennyvraient de l'idée de sa pré-
« tendue souveraineté, peu con-
« tent de se voir roi de fait, dans
« les murs de la capitale, voyait
« avec peine qu'il y eût un roi de

« droit dans l'enceinte de Ver-
« sailles ; et n'osant tout a fait dé-
« trôner son rival , il voulait du
« moins l'avoir en otage.

. « Il fallait un prétexte á un en-
« lèvement, qui tendait à dissou-
« dre la monarchie ; une orgie
« indiscrète , mais non méditée ,
« des gardes du corps, le fit naître;
« sur la fin d'un repas donné le
« premier d'octobre dans l'inté-
« rieur du chateau . et que la fa-
« mille royale avait honoré un
« moment de sa présence, ces no-
« bles français , yvres peut-être
« de vin , mais encore plus de
« leur idolâtrie pour le sang de

« leurs rois, se permirent d'ap-
« plaudir avec sentiment un Air
« connu sur les théatres, qui ex-
« primait l'abandon d'un monar-
« que qui avait tout fait pour ses
« peuples : quelques uns même,
« s'il en faut croire leurs enne-
« mis, se permirent de fouler aux
« pieds la livrée de l'insurrection;
« ce repas fut plus fatal à la Fran-
« ce que ne l'avait été autrefois à
« la Perse celui où la courtisan-
« ne Thaïs, subjugua Alexandre ;
« l'yvresse du vainqueur de Da-
« rius fit embrâser quelques édi-
« fices solitaires dans Persépolis ,
« mais celle de deux cents qua-
« rante gentils-hommes de la

« maison de Louis XVI, à tué la
« monarchie.

« Un voile impénétrable cou-
« vre encore le secret de la con-
« juration qui amena la nuit des
« régicides, et ce voile, grace à
« l'absence de la force publique,
« n'est pas de nature à être déchi-
« ré de long-tems. Telle a été l'ad-
« dresse des premiers agents, qu'ils
« n'ont jamais montré à l'histoire
« que les bras vils qu'ils faisaient
« mouvoir ; si le tems n'introduit
« pas la vérité au milieu de cet
« abîme de crimes et d'horreurs,
« on croira que le plus beau trône
« de l'Europe à été à la fois pro-

« fané et bouleversé par la main
« couverte de fange des Spartacus
« et des Mazanielle.

« Trois jours s'écoulèrent en-
« tre l'orgie des gardes, et l'at-
« tentat qui devait la punir. Dans
« cet intervalle on fit circuler
« dans Paris, le poison des libel-
« les ; on acheta au poids de l'or,
« le simulacre menaçant d'une
« disette, et surtout on abreuva
« de fiel et de sang, les Tigres
« déchaînés dans l'arène du pa-
« lais-royal.

« Le feu qui avait couvé sous
« la cendre pendant soixante et

« douze heures , éclata enfin.
« Dans la matinéé du cinq octo-
« bre , on vit sortir , de dessous
« terre, une foule d'êtres armés,
« comme si on eût semé les dents
« du dragon de Cadmus : ils mar-
« chaient tous le blasphème à la
« bouche, respirant le sang, et le
« carnage , mais n'ayant pas reçu
« de la nature , ainsi que les bri-
« gands de Thébes, l'heureux ins-
« tinct de s'entredétruire.

« J'ai vû de mes propres yeux ,
« belle Èponine, ces légïons in-
« fernales ; représentez vous tout
« ce qu'il est possible d'imaginer
« de plus abject dans la lie des pri-

« sons d'une capitale, c'est-à-dire
« le crime réuni à l'oprobre ; fai-
« tes vous , s'il est possible , une
« idée de femmes hideuses qui
« ont abjuré la pudeur, condui-
« sant au combat des espèces de
« sanvages à demi-nuds , à qui la
« rage de nuire tenait lieu de dis-
« cipline ; voila les héros que la
« plus odieuse des factions en-
« voyait a la conquête du trône
« de Louis XIV.

« La campagne s'ouvrit par la
« prise de l'hôtel de ville de Paris,
« que personne ne gardait , et
« qui fut livré au pillage ; le
« commandant général parut , et

« le peuple Roi, lui signifia qu'il
« fallait le conduire à Versailles,
« où être traîné au supplice. Ce
« mot décida du sort de l'empire;
« vingt mille soldats tremblèrent
« devant mille Cannibales, et on
« marcha avec des canons con-
« tre Louis XVI.

« Les premiers coups contre la
« monarchie furent portés au sein
« de l'assemblée nationale ; on y
« parla, avec toute la violence du
« libelle, de l'orgie des gardes; on
« y mit les erreurs de l'yvresse,
« au rang des crimes de lèze-na-
« tion ; le Comte de Mirabeau,
« qui n'était encore à cette épo-

« que , que le Démosthène des
« Catilina et des Clodius, annonça
« que si on voulait déclarer le Roi
« seul inviolable , il avait aussi de
« grands coupables a dénoncer :
« ce qui remplit d'effroi toute la
« classe des députés hommes de
« bien , qui n'étaient pas dans le
« secret de la nuit des régicides.

« Au milieu de ce tumulte , la
« légion hermaphrodite des Can-
« nibales, se présenta aux portes
« de l'assemblée des législateurs ,
« menaçant d'en forcer la garde ;
« elles s'ouvrirent à l'instant , et
« on dégrada le nom de citoyen-
« nes , jusqu'à le donner à ce vil

« ramas de prostituées , que la
« femme même qui a été faible ne
« pouvait regarder sans rougir ;
« le peu d'énergie des représen-
« tants de la nation , les enhar-
« dit, et elles se permirent dans
« le sanctuaire auguste du temple
« de la patrie , tout ce que l'y-
« vresse crapuleuse pouvait se
« permettre dans le serrail d'un
« Sardanapale.

« Le président de l'assemblée
« se présenta à l'entrée de la nuit
« au château de Versailles , à la
« tête de quinze députés , et de
« douze héroïnes de Cannibales :
« l'infortuné monarque , accueil-

« lit tout le monde, et ayant tenu
« conseil après leur départ , il se
« décida , contre les lumières de
« tout ce qui l'environnait , à ac-
« cepter purement et simplement
« la constitution dont on venait
« de poser les bases , ce qui au
« gré des partisans des anciennes
« loix, était la même chose qu'ab-
« diquer sa couronne.

« Le pouvoir , dans le som-
« meil des loix , ne gagne jamais
« rien à être faible ; à peine les
« rebelles apprirent-ils que le
« Roi cédait , qu'ils firent feu sur
« les gardes qui défendaient les
« avenues du château ; Louis

« XVI dont l'ame sensible crai-
« gnait le spectacle d'un massa-
« cre, ordonna à cette malheu-
« reuse noblesse de se former en
« colonne, et de quitter la place
« d'armes sans opposer de résis-
« tance : alors leurs farouches en-
« nemis, n'ayant plus à braver le
« danger de les combattres, se
« mirent à les assassiner.

« Pendant ce tems là, l'armée
« Parisienne approchait, sousles
« ordres du marquis de la Fayette.
« Le conseil incertain si ce géné-
« ral venait défendre le trône,
« proposa au Monarque, et à sa
« famille, d'abandonner pour un

« moment Versailles à sa desti-
« née : le magnanime Louis , re-
« fusa de laisser en partant , à ses
« peuples , la guerre civile pour
« héritage ; la Reine non moins
« intrépide , déclara que son pos-
« te était auprès du Roi, et qu'elle
« sçavait mourir.

« Le général de l'insurrection
« quoiqu'il ne marchât que sous
« les auspices les plus sinistres,
« ne manqua point à sa propre re-
« nommée : arrivé aux barrières
« de Versailles, il fit prêter à ses
« soldats le serment de respecter
« les représentants de la France ,
« d'obéir au Monarque , et de

« protéger la loi ; il monta ensuite
« chez son prince pour le rassurer,
« et prit diverses mesures, pour
« faire avorter dans son germe le
« complot des régicides.

   « A cette époque, on machinait
« encore quelque chose dans
« Versailles ; car quelques déta-
« chements de la légion des Can-
« nibales , se rendirent chez le
« président de l'assemblée natio-
« nale , qui était absent , et sous
« le prétexte qu'il était l'ami du
« Roi, ils le menacèrent, s'il tom-
« bait dans leurs mains , du fatal
« reverbère : mais à deux heures
« après minuit , le calme parut se

« rétablir tout a fait, et parceque
« le volcan ne lançait plus de feu
« au dehors, on crut qu'il n'au-
« rait point d'éruption.

« Le jour ne tarda pas à être
« complice des crimes de la nuit.
« A peine l'obscurité commen-
« çait elle à se dissiper, qu'on fon-
« dit de nouveau sur les gardes
« du corps, pour faire tomber la
« dernière barrière, qui séparait
« le Roi, des régicides. La horde
« sauvage se porta a leur hôtel,
« le força en un instant et le mit
« au pillage ; on poursuivit avec
« fureur les infortunés qui cher-
« chaient à s'échapper ; on tua
les

« les uns, on mutila les autres, et
« on en renferma quinze entre la
« grille du château et leurs assas-
« sins, pour préparer les instru-
« ments de leur supplice.

« A la tête de cette lie de scélé-
« rats, était une espèce d'Antro-
« pophage , assés semblable à
« ceux que le navigateur Cook a
« trouvés dans la nouvelle Zélan-
« de ; une barbe longue et mal
« peignée descendait sur ses ha
« bits en lambeaux : son front
« flétri , et ses yeux hagards , é-
« taient relevés par une esqèce
« de mitre d'une grande hauteur,
« qui lui donnait dans l'obscurité

« l'air de Poliphème ; il marchait,
« avec l'assurance de la férocité,
« agitant entre ses mains une ha-
« che sanglante, instrument de
« ses horribles exploits : les com-
« plices de ses meurtres ayant é-
« gorgé deux gardes en faction
« autour du château, il les fit
« traîner encore palpitants sous
« les fenêtres de l'appartement
« du Roi, et là il acheva froide-
« ment de leur oter la vie ; il
« marcha ensuite en triomphe
« vers la place d'armes, cherchant
« de nouvelles victimes, et se plai-
« gnant avec amertume qu'on ne
« l'eût fait venir a Versailles,
« que pour couper deux têtes.

« Le carnage des gardes fut
« moins grand qu'on ne devait
« l'attendre de tant d'acharne-
« ment, parceque le Roi, qui vou-
« lait les dérober à leur sinis-
« tre destinée, les avait fait partir
« presque tous la veille, sous les
« ordres du duc de Guiche, au
« château de Rambouillet. Ce
« prince en s'exposant ainsi sans
« défense, croyait qu'il lui suffi-
« sait de se montrer, pour faire
« rentrer les rebelles dans leur
« devoir ; il oubliait le massacre
« de Pertinax ; il ignorait que si
« la grandeur d'ame peut tout
« sur des hommes d'honneur,
« qui ont eu un moment de fai-

K 2

« blesse , elle ne fait qu'aigrir le
« fiel de la rage dans des Canni-
« bales.

« Cependant les régicides mar-
« chaient de triomphe en triom-
« phe ; pendant qu'une partie
« d'entre eux allaient dans le
« parc de Versailles , à la chasse
« des gardes fugitifs et désarmés ,
« comme on va à celle des bêtes
« fauves , le grand nombre s'in-
« troduisit a main armée dans le
« château, brisant les portes, égor-
« geant les sentinelles, et, deman-
« dant, avec des hurlement sauva-
« ges , la tête de la Reine. Au mi-
« lieu de cet effroyable danger

« un garde généreux se dévoua ;
« seul contre tous , comme le Co-
« clès de l'ancienne Rome , il dé-
« fendit son poste jusqu'au der-
« nier soupir, avec une intrépidité
« qui donna le tems à la Reine ,
« de se dérober à ses assassins.
« Cette princesse réveillée par
« les cris du mourant , par le cli-
« quetis des armes , s'élance de
« son lit a demi-nue , et se sauve
« par un long défilé dans l'appar-
« tement du Roi , qui lui mê-
« me pouvait douter , si ce ne se-
« rait qu'avec des chaînes , que
« ses peuples le récompenseraient
« de leur avoir donné l'indépen-
« dance.

K 3

« Lorsque les monstres eurent
« souillé quelque tems de leur
« présence l'appartement solitai-
« re de la Reine, lorsqu'entrou-
« vrant avec leurs piques ensan-
« glantées ce lit auguste, où était
« né l'héritier présomptif de la
« couronne, ils se furent con-
« vaincus que leur victime lenr
« était échappé, ils fondirent
« vers la chambre du monarque,
« sans doute dans le dessein de
« tuer d'un seul coup le corps po-
« litique, en abbattant sa tête.

« Ici l'ange de la destructiou
« parût s'arrêter un moment ;
« comme le ciel veillait à ce que

« la révolution Française ne se
« couvrit pas d'un opprobre éter-
« nel aux yeux des siècles , il fut
« arraché, dans le livre de la des-
« tinée , une page à l'histoire des
« régicides.

« Au premier bruit de l'irrup-
« tion des Cannibales , le mar-
« quis de la Fayette s'était préci-
« pité vers la place d'armes ; dé-
« couvrant sa poitrine aux chefs
« de la milice Parisienne , et aux
« anciens grenadiers du régiment
« des gardes qui y étaient incor-
« porés, il ne leur avait laissé que
« l'alternative de poignarder leur
« général , où d'arracher la fa-

« mille royale à ses assassins. Ce
« trait digne des républiques
« Grecques , créa tout à coup
« trois cents héros ; les quinze
« gardes qui pressés contre là
« grille , attendaient à chaque
« minute leur supplice , furent
« délivrés : on donna pour azile à
« d'autres, la salle du conseil, la
« chambre de Louis XIV : de
« vrais français se mêlèrent aux
« sauvages, si non pour les pu-
« nir, du moins pour les surveil-
« ler, et peu à peu tous les postes
« du château qui pouvaient pro-
« téger le chef de la nation ,
« se trouvèrent occupés par
« l'honneur, mot qui en Fran-

« ce , est synonime à celui de
« courage.

« Quand la scène des dangers
« fut finie, elle fit place à une scè-
« ne d'humiliation , dont on voit
« peu d'exemples dans les annales
« des monarchies.

« Les furies qui avaient été sur
« le point de mettre doublement
« la France en deuil , outrées
« d'avoir vû leur complot avorter,
« s'étaient repliées sous les fenê-
« tres du Roi , traînant par les
« cheveux quelques uns de ses
« gardes , pour les y massacrer :
« le prince infortuné fut obligé

« de se présenter sur son balcon,
« et de demander lui même, d'u-
« ne voix étouffée, leurs grace a
« cette horde de Damiens et de
« Ravaillac. Jamais, depuis neuf
« siècles, on n'avait vû plonger
« dans cette fange la couronne
« de Charlemagne.

« La Reine partagea ce calice
« d'oprobre : des clameurs force-
« nées la demandèrent sur le
« même balcon, et elle parut en-
« tre le Dauphin , et Madame
« Royale : alors le cri sinistre ,
« POINT D'ENFANTS , retentit à
« la fois de tous les points
« de ce champ de carnage,

« que couvrait la multitude.

« Je l'ai entendu, sensible Épo-
« nine, ce cri épouventable , et
« quoique vingt jours se soient é-
« coulés, il résonne encore dou-
« loureusement dans mon cœur :
« ce cri annonçait que la foudre
« qui devait frapper la mere, ne
« devait point s'égarer sur les en-
« fants : la Reine en comprit le
« sens affreux, et rassurée désor-
« mais sur le sort de tout ce qui
« lui était cher , elle reparut seu-
« le sur le balcon , défiant avec la
« sérénité de son visage , et la
« majesté de ses regards, les ar-
« mes de ses assassins.

« Ici l'honneur français cour-
« bé vers la terre, reprit un mo-
« ment son essor ; on s'attendait
« si peu à cette magnanimité de
« la Reine, au sein de son abbais-
« sement, que les cris de rage,
« expirèrent sur les lèvres des
« Cannibales, et que l'armée Pa-
« risienne fit retentir l'air de ses
« applaudissement : c'est alors que
« la fille de Marie-Thérese fut ju-
« gée par son ame, et non par
« les clameurs de la calomnie.

« Il restait un dernier avilisse-
« ment a faire subir à Louis XVI;
« c'était de le contraindrs à venir
« dans Paris, se renfermer dans
la

« la prison nationale des Thuile-
« ries ; le monarque hésita long-
« tems ; enfin pour épargner le
« sang de ses peuples il se sacrifia,
« et donna sa parole royale de
« quitter Versailles à midi ; à l'ins-
» tant les décharges du canon et
« le feu roulant de la mousquete-
« rie , annoncèrent a la multitu-
« de la victoire que les sujets
« avaient remportés sur leur sou-
« verain.

« La pompe funèbre de l'en-
« trée du Roi dans Paris, dura sept
« heures. Un ciel sombre , et
« pluvieux , n'éclairait alors la
« scène, que pour la rendre plus

Tome IV.   L

« sinistre. A la suite du gros
« de l'armée Parisienne, et à peu
« de distance du carrosse, où la
« famille du monarque, était tris-
« tement renfermée, on voyait,
« dans l'attitude de Bachantes,
« les femmes-hommes qui avaient
« ouvert la nuit des régicides ;
« les unes étaient assises sur l'af-
« fut des canons ; les autres pa-
« raissaient avec l'uniforme des
« officiers qu'elles avaient assas-
« sinés, où montées sur leurs
« chevaux ; à peu de distance,
« marchaient tête nue, et désar-
« més, les gardes infortunés dont
« Louis avait acheté la grace, par
« l'ignominie de sa couronne;

« c'était au milieu de ces group-
« pes de brigands et de captifs,
« que deux bourreaux, les bras
« nuds, et ensanglantés, por-
« taient au haut de leurs piques
« les têtes des deux gardes, qui
« étaient morts avec un courage
« calme a leur poste, comme les
« héros des Thermopyles. Cet-
« te effroyable marche triompha-
« le était terminée, par cent dépu-
« tés de l'assemblée nationale,
« dont l'insolente sécurité, ca-
« lomniait l'effroi des gens de
« bien, à l'approche de la disso-
« lution de la monarchie.

« Tel est le tableau de cette

L 2

« nuit terrible des régicides, qui
« contraste d'une manière si é-
« trange avec la nuit héroïque
« des sacrifices ; il ne s'écoula
« que soixante jours entre les
« deux époques , et l'histoire se-
« ra tentée de compter cet inter-
« valle, d'autant de siècles qu'il y
« en a entre la Rome des Lucrèce,
« et celle des Commode , et des
« Héliogabale.

« J'osai dans ma dernière let-
« tre, céleste Éponine , vous con-
« jurer de venir à Paris , voir de
« vos propres yeux le spectacle
« d'une république de philoso-
« phe; non, ne venez point : la

« baguette de Médée a changé,
« les jardins de Corinthe, dans le
« repaire des Furies ; je ne veux
« point que votre raison vous con-
« damne à hair un peuple né sen-
« sible, et généreux, que notre
« cœur nous condamnait à aimer.

« Faites plus ; arrachez moi de
« ce séjour qui me rappelle avec
« trop d'amertume les révolu-
« tions sanglantes du trône mobi-
« le des Ottomans ; et soyez pour
« moi, s'il est possible, une se-
« conde providence, en me fai-
« sant ramener à vos pieds par
« l'esclave.

L 3

PRÉLIMINAIRES

A LA THÈORIE

DE

L'INSURRECTION.

Un long silence de stupeur succèda à la lecture de la seconde lettre de Zima. Éponine, malgré le grand empire qu'elle avait sur elle même, n'avait pû la soutenir que d'une voix altérée ; et quand elle s'était vue obligée de prononcer le mot qui la termine , comme si un nuage avait tout à coup en-

veloppé ses yeux, elle l'avait bal-
butié, en changeant de visage.

Eh bien ! mon cher Platon,
dit l'Empereur, la voila donc
cette révolution Française, qui
devait servir de modèle à l'Europe ! on dirait qu'elle n'a consisté
jusqu'ici, qu'à mettre les attentats de la licence, à la place des
abus du pouvoir absolu, à faire
d'un peuple aveugle et éffrené le
juge suprême de la loi, et à assi-
miler la cause des sages, avec celle des régicides.

Je suis loin, Sire, répondit le
philosophe, de justifier une nuit

L 4

de sang et d'horreur, que le service rendu au genre humain par
vingt loix bienfaisantes , pourra à
peine expier. Je me croirais au
dessous même des Cannibales,
dont a triomphé votre sœur , si
j'imaginais qu'une insurrection
pour la liberté à besoin d'être ci-
mentée par des crimes : si je
voyais dans l'assassinat des Rois ,
un moyen de donner une Patrie,
aux peuples dégénérés de l'Europe.

Cependant je croirais calom-
nier une nation grande et généreuse, si je pensais qu'elle a pro-
voqué la nuit des régicides , où

si seulement je l'en rendais complice par son silence.

N'en doutez pas, Sire, on percera la nuit profonde de cette conjuration infernale ; on en punira avec éclat, soit les agents invisibles, soit les vils instruments ; un des héros Grecs de qui on me fait descendre, en aurait juré par son-combat de Marathon ; moi j'en jure par l'honneur Français, qui s'est montré sans nuages depuis le berceau de la monarchie, et qui survivra à sa dissolution.

Et si par une fatalité, a laquelle le cours de tant d'événements

étranges pourrait amener, les dé-
positaires des loix, sous prétexte
de ne point faire le procès à la révolution, conspiraient eux mêmes
mes à épaissir le voile qui couvre
ce grand attentat, l'histoire qui
s'indigne de toute politique,
viendrait le déchirer ; elle dé-
noncerait à la fois à la justice des
siècles, et les chefs des régicides,
et leurs obscurs complices, tous
les plus vils des hommes, après les
juges faibles et prévaricateurs,
qui n'auraient voulu ni les connaître, ni les punir.

Il est très incertain, dit Joseph,
que les représentants de la Fran-

ce ayent le courage de frapper
des conspirateurs , qui tendaient
a les délivrer même d'un simulacre de souverain. Le machiavélis-
me ne trouverait plus de satellites,
si comme le Dieu d'Israël , il lais-
sait exterminer Sennachérib ,
après s'en être servi comme instrument de ses vengeances.

Mais quelle est donc cette révolution , que la raison a fait naître, et dont la raison est obligée
de désavouer les fruits ? où le
pouvoir rencontre si peu de têtes,
quand il s'agit de protéger la loi ,
et le crime tant le bras , quand il
s'agit de l'anéantir ?

Platon, Platon ! tu as trop de confiance dans l'avénement des lumières ; crois qu'elles organisent moins les états, qu'elles ne manifestent les bévues de ceux qui les gouvernent ; elles ressemblent à mon gré au feu ; c'est un élément dont le sage seul doit être dépositaire ; pour un Prométhée qui l'employe à vivifier une statue, il y à cent insensés, qui le font servir à embraser l'univers.

Vous venez, Sire, dit le sage en soupirant, de découvrir à la France le secret de sa faiblesse. Les lumières ont amené son in-

surrection, mais la plus part des
législateurs dont elle a fait choix,
n'ont pas eu le génie de la diriger.
De là l'empire que les factieux
ont pris sur ses gens de bien : de
là tant de crimes à coté des plus
belles loix : de là tant d'incendies
de châteaux pour protéger les
propriétés, tant de proscriptions,
tant d'assassinats, pour conserver
à l'homme, ses droits de citoyens.

Mais la raison est plus forte
que les hommes qui la repoussent,
où même que ceux qui l'embras-
sent pour l'éttouffer ; tôt où tard
elle subjuguera en Europe soit
ses amis perfides, soit ses détrac-

teurs. Si la France avait eû plus de sages pour protéger le berceau de sa législation, elle aurait prévenu les attentats qui l'ont deshonorée; mais ce qu'elle n'a pû prévenir, la philosophie de l'age suivant sçaura le réparer.

Et tu crois, bon vieillard, ajouta le Prince, que dans un état cangréné par un luxe depravateurs, les grands attentats politiques, résultat inévitable de la décadence des mœurs, se préviennent où se réparent ? ——

Oui, Site, lorsque la majeure partie de la nation

a subi l'influence des lumières.——

Ainsi la raison calme et froide
de quelques sages aurait fait avorter dans son germe le complot de
la nuit des régicides !——

Si l'assemblée nationale avait
été mûre pour la nuit des sacrifices, il n'y aurait point eû de nuit
des régicides.——

Malheur à une nation qu'il faut
imprégner en masse du torrent
des lumières, pour la rendre libre et grande ! si la France à
besoin de douze cents sages
pour la régénérer, il est

évident qu'elle ne le sera jamais.——

Assurément la France ne comptera jamais, parmi ses hommes d'état douze cents Lycurgues ; mais si elle est frappée en masse par les lumières, elle sçaura se régénérer, même sans compter aucun Lycurgue parmi ses législateurs.

C'est l'opinion publique, Sire, formée par la tradition, soit orale soit écrite, des philosophes, qui a commandé impérieusement l'insurrection Parisienne ; c'est elle qui a fait tomber les tours des prisons d'état ; c'est elle qui assise, dans l'assemblée nationale , sur le fauteuil du président , a prononcé le petit nombre de décrets sublimes qui honoreront à jamais le nom Français , dans la mémoire des hommes.

Ainsi quelques soyent les élémens qui entrent dans la composition d'une assemblée de représentants français ; que ce soit un sénat d'automates , où un Aréopage , du moment que la nation entière a reçu l'impulsion des lumières, il faut que tôt où tard l'état se revivifie ; où à la façon de Socrate , sans qu'aucune

goute de sang répandue dépose
contre les passions des régénéra-
teurs; où à la façon de Machiavel,
en amenant un nouvel ordre de
choses avec des inquisitions d'é-
tat, des proscriptions, et une
nuit des régicides.

Combien je regrette par exemple, que les lumières éparses sur
tous les points de la France n'ayent
pas eû un foyer autour du trône,
à l'époque de l'irruption des Cannibales! alors le Roi serait resté
libre, les législateurs n'auraient
point à rougir de leur impuissan-
ce, et la nation marcherait à la
gloire sans remords.

Platon, depuis long-tems, dit l'empereur, est maître de mon entendement comme de sa pensée ; mais ici, je l'avouerai, sa théorie me confond ; je ne sçaurais concevoir comment dans le sommeil de la force publique, lorsque des législateurs sans génie prenaientpour le thermomètre de l'état le cours aveugle des événemens, quelques rayons de lumières concentrés autour d'un trône humilié, et sans pouvoir, auraient pû prévenir les crimes de la nuit des régicides.

Il est vrai, dit le sage en souriant, que ce moyen n'est pas tout à fait énoncé dans l'évangile des Rois ; il s'agit d'une insurrection contre le pouvoir légitime ; d'une insurrection que la raison devait prescrire, et la loi proscrire ; d'une insurrection qui faisait marcher ses agents a la gloire, et à la mort.

Et par une bizarrerie que la philosophie seule peut expliquer, cette insurrection de héros que le monarque désavouait, devenait son rempart contre celle des régicides.

Je parle un peu la langue énigmatique des oracles, au souve-

rain que j'ose initier dans les mys-
tères de la haute philosophie. Je
vais pour me faire entendre re-
monter aux principes primitifs ,
et développer ma théorie de l'insurrection , si nécessaire à l'orga-
nisation des loix, quoique jusqu'i-
ci inconnue a tous les législateurs.

En ce moment une des archi-
duchesses entra ; elle tenait un
papier a la main et paraissait émue;
l'empereur saisit sa main pour la
baiser , et elle pressa celle du
prince contre son cœur : la fille
du philosophe , voulut par respect
se retirer : non restez , dit-elle ,

je vais faire prononcer à mon frere un nouveau jugement de Salomon ; je veux, si sa grande ame hésitait, qu'elle soit ramenée à la vérité par un regard d'Éponine.

Tout le monde était dans l'attente : la surprise redoubla quand la princesse ayant fait lire à l'empereur le papier qu'elle agitait dans ses mains tremblantes, il se trouva que c'était un arrêt de mort.

Ma Sœur, dit Joseph, votre sensibilité en impose ici à votre justice ; cet arrêt n'est point de nature a être réformé, Il s'agit

d'un militaire qui, du poste où la
loi l'a placé , pour protéger la discipline, met son colonel a mort.
Le conseil de guerre qui l'a con-
damné a être fusillé n'est que
trop indulgent , je vais signer la
sentence,——

  Arrêtez , mon frere , sçavez
vous de qui vous allez ordonner
la mort ?——

  Je n'ai pas voulu lire son nom
dans l'arrêt, affin d'avoir la liberté de n'être que juste : quand
j'aurai signé, vous me direz quel
est le coupable ; alors peut-
être, s'il m'a été cher, je ver-

serai quelques larmes sur sa mort. ——

Non ; c'est ici que le souverain doit juger l'homme , quand la loi n'a jugé que le délit . L'infortuné est ce même soldat Autrichien que vous fites crucifier dans la forêt de Belgrade , et qui devenu officier de vos gardes veille à votre sureté , et à la notre dans ce château de Luxembourg. ——

Ce mot a flétri mon ame ; et je suis tenté de répéter ici le blasphème de Brutus. A la vertu de qui désormais dois-je me fier ? ——

A la sienne , mon frere. ——

A sa

A sa vertu ! et il s'est rendu coupable du plus odieux assassinat, presque sous les yeux de son bienfaiteur. Sage vieillard, et vous noble Éponine, venez m'apprendre à rejetter de mon cœur l'homme de sang qui a surpris ma tendresse.━━

Eh ! voyez mon frere leur silence se rendre garant de sa vertu... nous avons tous trois une grace a vous demander : avant de signer la sentence du conseil de guerre, daignez m'entendre.━━

J'y consens : mais songez que vous ne prolongerez pas

sa vie, s'il m'en coute des remords.——

L'infortuné, vous le sçavez, avait un fils simple soldat dans vos gardes, que vos bienfaits venaient de mettre a portée d'épouser son amante ; son colonel est devenu épris de cette jeune villageoise, et n'ayant pû la corrompre, il l'a enlevée ; l'époux s'est rendu chez le ravisseur; alors une querelle violente s'est élevée, soutenue d'un coté par l'orgueil de la naissance, de l'autre par celui de l'honneur: de pareils orgueils ne plient jamais. Le soldat est sorti pour vous demander vengeance, son colonel l'a suivi ; et au moment ou il passait au poste de l'officier de Belgrade , il a ordonné a ce dernier de faire feu ; HOMME FÈROCE , a dit l'infortuné , C'EST MON FILS. le colonel ne se possédait plus ; yvre de jalousie , et de rage , il lui est échappé ce mot terrible ; FRAPPE , OU MEURS ; alors l'officier a frappé ; mais le ciel a été juste , et c'est le colonel qui est tombé mort à ses pieds. —

A la fin du récit de l'archiduchesse , la sentence du conseil de guerre , échappée involontairement des mains de l'empereur, était tombée à ses piéds , et per-

M 2

sonne ne s'empressait à la ramas-
ser ; il subsistera cependant, dit le
prince, ce monument terrible de
la discipline militaire ; le conseil
de guerre a bien jugé ; s'il avait
été philosophe, mes soldats se seraient permis d'interpréter la loi
sous laquelle ils ne doivent que
fléchir ; les armées de l'empire
dont l'obéissance passive est le
nerf, tendraient à se dissoudre,
et je compromettrais la sureté de
mes couronnes.

L'archiduchesse pâlit ; Éponine baissa les yeux, craignant de
rencontrer le prince qu'elle avait
nommé plusieurs fois Marc-Au-

rèle ; le philosophe seul accoutumé a ne juger les hommes extraordinaires que d'après lui même, attendit d'un front calme le dénouement de cette avanture.

Mais ajouta l'empereur, le brave homme, à qui je dois de ne pas mourir sans avoir réparé un grand crime, n'est point fait pour subir le dernier supplice ; je sens trop au trouble de mon cœur, que s'il a commis un grand délit dans l'ordre social, il en est suffisament absous au tribunal de la nature.

Heureusement le meurtre a été commis dans l'enceinte de mon

M 3

château ; j'y ai seul droit de vie, et de mort, comme un pere de famille dans l'ancienne Rome, l'avait sur ses enfants : quelque soit le jugement qu'on y porte, il n'a d'éxécution que quand j'ai signé la sentence.

Je maintiendrai donc la discipline, en ne cassant pas l'arrêt du conseil de guerre, et je prouverai mon respect pour la morale, en lui refusant ma signature.

Mais ma justice n'aurait qu'un effet illusoire, si je ne dérobais pas le vertueux infortuné à la vengeance de quelques jeunes officiers de ma garde qu'il a rendus orphelins.

Mon cher Platon, et vous généreuse Éponine, votre projet est de vous rendre en France, lorsque je ne serai plus : ce moment n'est pas loin, je sens que tout échappe à mon ame qui s'affaisse, excepté ma tendresse pour ma sœur, et le sentiment de votre vertu ; permettez qu'il vous accompagne dans une contrée qui vous est inconnue, et où vous aurez peut-être besoin sinon de ses lumières, du moins de sa bravoure. Je lui conserve son activité dans le service, et ses appointe-

ments : en attendant je l'éxile
dans l'appartement que vous oc-
cupez près de moi au château de
Laxembourg.

Ce jugement amena le tableau
le plus touchant. L'archiduchesse
pleurait dans les bras de son frere;
Éponine tombée involontairement a genoux , lui tendait les
bras comme à son Dieu tutélaire;
et le philosophe plus tranquille
en apparence , mais non moins é-
mu, disait a demi-voix à sa fille :
voila les derniers accents de Ger-
manicus; un pressentiment que
je ne puis vaincre m'annonce que
le ciel me condamne à lui survivre.

Quand l'effet de cette scène pathétique commença à s'affaiblir, Joseph désira de renouer le fil de l'entretien sur la philosophie de l'insurrection : ce fil, Sire, dit le sage n'a jamais été coupé un seul moment, et depuis l'arrivée de votre auguste sœur, nous n'avons cessé de nous occuper des bases de l'insurrection.

Ainsi, dit le prince, quand notre infortuné pour sauver son fils, mettait à mort son général, il était hors de la société ; il se trouvait en insurrection.

Sans doute, Sire, repartit le

philosophe ; et lorsque vous avez
prononcé le beau jugement qui
satisfait à la fois l'homme de la nature , et l'homme social , votre
raison profonde a pressenti la so-
lution d'un des plus beaux pro-
blèmes sur l'insurrection.

Ce jugement d'autant plus mémorable , que vous écartant de
l'exemple des rois vulgaires de
l'Europe , vous n'avez point avili
par des lettres de grace , l'homme
juste que vous rendiez à la vie:
ce jugement , dis-je , renferme
peut-être aussi le germe d'une
théorie que vous attendez de moi
sur la nuit des régicides.

Mais permettez moi de ne point encore tirer parti de votre suffrage, pour la grande question de morale qui nous occupe ; souffrez que je remonte aux élémens, et surtout que je vogue, la sonde de la philosophie de la main, au travers d'une mer orageuse qui n'est encore connue que par les naufrages de ses navigateurs.

FIN DU QUATRIÈME VOLUME.

www.ingramcontent.com/pod-product-compliance
Lightning Source LLC
Chambersburg PA
CBHW062223270326
41930CB00009B/1838

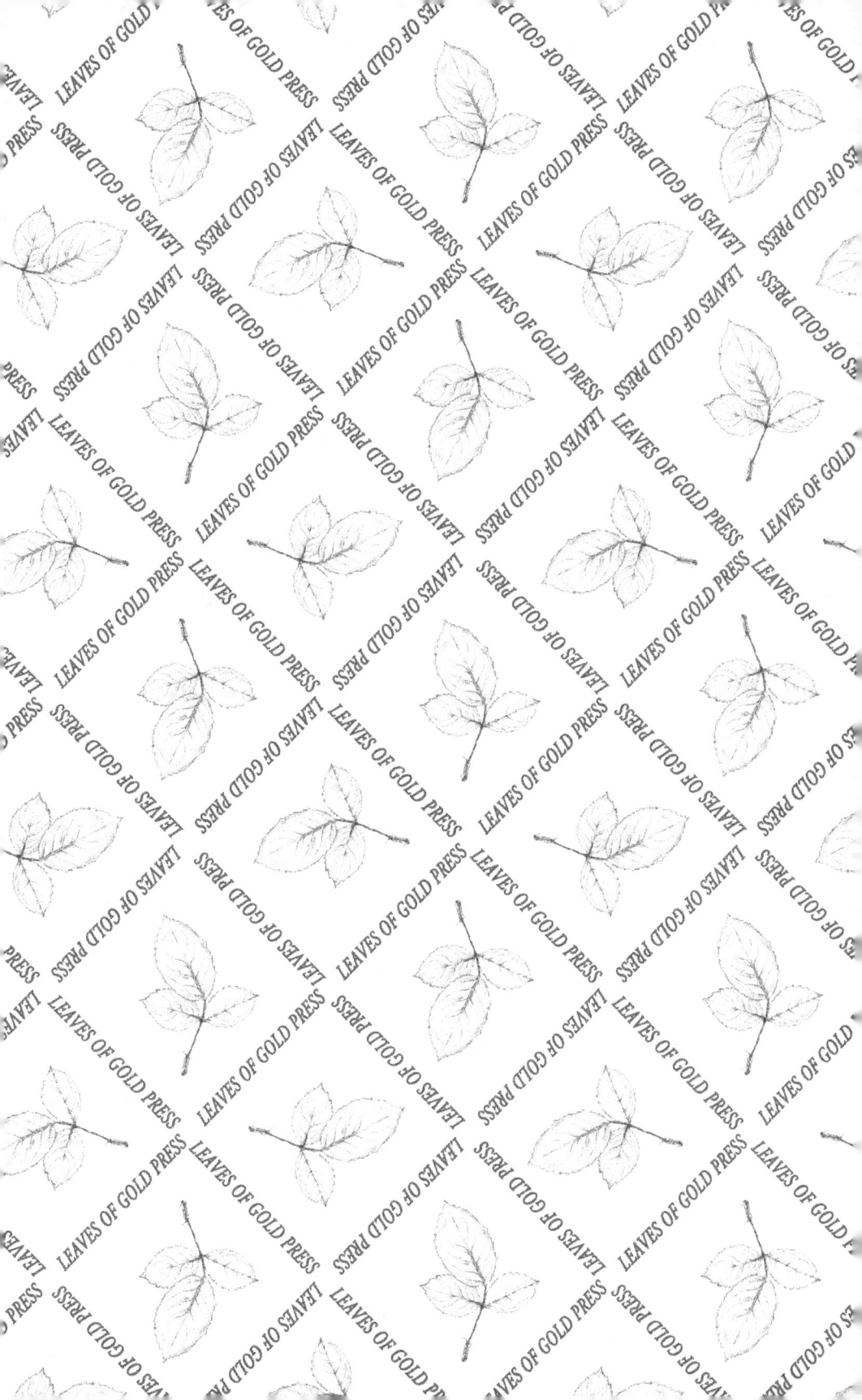